作文指导报 中小学读写

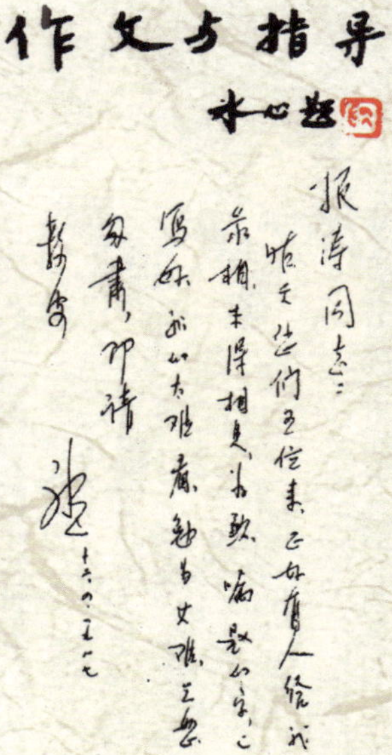

“文坛祖母”冰心老人多次亲切会见《作文指导报》编辑，并为本报题写报头、书名。

世纪哲人冯友兰为《作文指导报》题词：“言之无文，行而不远；修辞立其诚。”本报还设立了“冯友兰奖学金”，用于奖励品学兼优的中学生。

超好玩的小学生语文百科书

作文指导报 第1辑

做一只永不放弃的蜗牛

主　编：李　萌

副主编：郭新印

编　委：马慧珍　周录恒　刘斌霞　刘君杰　张传权
张定勇　崔矿山　孙　超　程必荣　贺留堂

北京理工大学出版社
BEIJING INSTITUTE OF TECHNOLOGY PRESS

图书在版编目（CIP）数据

做一只永不放弃的蜗牛 / 李萌主编. —北京：北京理工大学出版社，2017.1
（作文指导报）
ISBN 978 – 7 – 5682 – 3423 – 8

Ⅰ.①做…　Ⅱ.①李…　Ⅲ.①小学语文课 – 课外读物　Ⅳ.①G624.203

中国版本图书馆CIP数据核字（2016）第295388号

出版发行 / 北京理工大学出版社有限责任公司
社　　址 / 北京市海淀区中关村南大街5号
邮　　编 / 100081
电　　话 /（010）68914775（总编室）
（010）82562903（教材售后服务热线）
（010）68948351（其他图书服务热线）
网　　址 / http: //www. bitpress. com. cn
经　　销 / 全国各地新华书店
印　　刷 / 北京市兆成印刷有限责任公司
开　　本 / 710毫米 × 1000毫米　1/16
印　　张 / 8
彩　　插 / 1
字　　数 / 94千字
版　　次 / 2017年1月第1版　2017年1月第1次印刷
定　　价 / 19.80元

责任编辑 / 刘汉华
文案编辑 / 刘汉华
责任校对 / 周瑞红
责任印制 / 马振武

前 言

小学生丁丁的神奇阅读周计划

可爱的小学生丁丁是《作文指导报》忠实的小读者，他从一年级就开始订阅报纸，一看起报纸来就爱不释手，连最让他着迷的动画片都顾不上看了。这份报纸的吸引力怎么这么大呢？

事情是这样的，丁丁曾经因为语文成绩不理想，经常闷闷不乐。一天，他正嘟着嘴巴在书桌前发呆，突然脑海中冒出来一个想法——给《作文指导报》的编辑姐姐写信求助。在信中，丁丁诉说了自己在语文学习上的苦恼，并征求编辑姐姐的建议。

不久，编辑姐姐就回信了，这让丁丁开心极了。更让他开心的是，编辑姐姐为他制订了一份丰富而有趣的阅读周计划，来帮助他提高语文成绩。经过几周的阅读，丁丁发现，语文原来是一座五彩缤纷的百花园，漫步其中，让他流连忘返。要说他的语文成绩，当然是突飞猛进啦！

小朋友，丁丁语文学习大进步，阅读周计划功不可没。这份阅读周计划的“魔力”究竟在什么地方呢？让我们一起来看一看吧！

加油，少年！

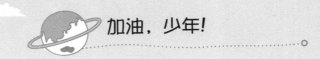

“我是Pi，正在太平洋里一艘救生艇上漂流，唯一的伴侣是一头450磅重的孟加拉虎。怎么会这样？一言难尽，就别提了。现在我只想着一件事：如何对付这只叫理查德·帕克的老虎。”这是电影《少年Pi的奇幻漂流》里的主人公——一个印度男孩Pi，在他的人生中遇到的一个大难题。

我问丁丁：“一片举目无边的大海，一只饥饿的猛虎，一艘孤独的小船，当你面对这样孤独无助的险境时，你会怎么选择呢？是轻易放弃，还是勇敢地寻求自救的方法？”

“这个嘛……一个人在大海上，还有一只大老虎，好可怕。我肯定会吓得哭出来。”

“Pi也很害怕，但他勇敢地选择了面对。他渐渐发现老虎并不那么可怕。到后来，他们竟然成了相依为命的好伙伴，熬过无数个日夜，一起经历狂风暴雨，还一起欣赏璀璨无比的星空，见识掀起巨浪浑身发光的巨鲸。最终，在漂流了227天后，他们重获新生。”

这是我和丁丁在QQ聊天时的内容。我想告诉丁丁：成长的道路上，困难和挫折是难免的，我们需要的是决不放弃的勇气。当然，我们还需要自信、乐观、勤奋、坚持、爱心和友谊，更重要的是要有梦想。这些都是成长所需要的力量。

现在，我把这些力量都放在书中美好的文字里了，大家快一起来品读吧！

目 录

第1章

梦想
环游世界的足球

第2章

自信
我不是小笨熊

第3章

乐观

窗边的小豆豆

第4章

勇气

想当冠军的灰鸽

第5章

勤奋

一片雪花的重量

第6章

坚持

做一只永不放弃的蜗牛

第7章

友谊
卡及诺的森林奇遇

第8章

爱心
小狐狸送彩虹

精彩有趣的阅读大会

就要开始了，

快跟我一起去参加吧！

第1章

★ 梦想 ★

环游世界的足球

我有一个大大的梦想，那就是在文字的魔法世界中尽情地畅游，探寻所有未知的宝藏，打开书页里全部的秘密。

无计可施

爸爸，我们吃的米是从哪里来的啊？
你去看下水稻就知道了。
爸爸，那我们一起去看看。
爸爸，你确定米是从这里出来的吗？
……
儿子，我可真是无计可施啦！

环游世界的足球

佚名

谁都会有梦想，哪怕是一只足球。我知道有这样一只足球，它的梦想是环游世界。

“让我来帮助你吧，”一列火车轰隆轰隆地说，“我可以带着你环游世界。”

“谢谢你，可我是足球，我想以足球的方式环游世界。”足球这样回答。

“让我来帮助你吧，”一艘轮船呜呜呜地说，“我可以带着你环游世界。”

“谢谢你，可我是足球，我想以足球的方式环游世界。”足球这样回答。

“让我来帮助你吧，”一个魔法师对它说，“我可以让你以足球的方式环游世界。”

魔法师为足球施了魔法，然后，他飞起一脚——嘭！于是，这只被施了魔法的足球带着它的梦想飞了出去。

它飞过高山，飞过平原，飞过大海，一直飞到美洲的亚马孙河岸，正好落在了美洲狮先生的脚边。美洲狮先生飞起一脚，嘭！足球又飞了起来……

它落到了澳洲的大草原上，正好落在袋鼠先生脚边。

袋鼠先生飞起一脚，嘭！足球又飞了起来……

它落到了非洲的丛林里，正好落在了斑马先生的脚边。

斑马先生飞起一脚，嘭！足球又飞了起来……

它落到了南极的浮冰上面，正好落在了企鹅先生的脚边。

企鹅先生飞起一脚，嘭！足球又飞了起来，它飞过高山，飞过平原，飞过大海，这一次，它落在了中国，正好落在了一个小男孩的捕虫网里。

“哇！”小男孩快乐地叫起来。这个小男孩的梦想是当一名足球运动员，可他连一只属于自己的足球还没有呢。现在好了，小男孩抱着足球想：我的梦想很快就会实现了。

足球安静地躺在小男孩的怀里。它身体里的魔法力量已经消失了。但它觉得很快活，因为它已经实现了环游世界的梦想。

“现在，我很高兴和小男孩在一起，帮助他实现心中的梦想。”足球轻轻地说，“因为梦想对每个人来说都很重要。”

重要的不是一个人生下来是怎样的，而是他会长成什么样。

——《哈利·波特》

八戒“借光”

佚名

一天晚饭后，小和尚聪聪拉着八戒来到了森林广场。

广场上正在举办联欢晚会。只见舞台上铺着红地毯，四周摆满了五颜六色的鲜花。舞台中央，百灵鸟小妹妹正手持话筒深情地歌唱，孔雀大姐在后面翩翩起舞，小白兔、小松鼠、小花猫等小动物身穿花裙子，随着音乐的节奏，时而摇摆双手，时而转几个圈，时而劈腿坐在地上……舞台前人头攒动，挤得水泄不通，观众都伸长了脖子向台上观望。

“借光，借光……”小和尚聪聪一边说着，一边用手轻轻地拨开两边的人群。人们听到喊声，身体连忙往后撤，自觉地让出了一条小道。八戒愣住了，聪聪拉住他赶忙在前排坐下，津津有味地看起了节目。

晚会结束了。回去的路上，八戒不解地问：“小师弟，我不明白，刚才看节目的时候，你只是喊了一句‘借光’，为啥大家都给我俩让路呀？”

“哈哈！原来你是不懂‘借光’一词的意思，它是一个礼貌用语呀。”

八戒看了聪聪一眼，憨憨地笑了。

“‘借光’一词由来已久，《战国策·秦策》里有个故事：一条江边住着不少人家，每晚，姑娘们都凑到一起做针线活儿。其中有一位姑娘家境贫寒，买不起灯烛，其余的姑娘嫌弃她，说她爱占小便宜，拒绝她来。这位姑娘说：我虽然买不起灯烛，但是我每晚都比别人先来，把屋子打扫干净，把座席铺设整齐，让大家一来就能舒适地做活儿，这对你们多少也有些方便。你们的灯反正是要点的，借给我一点光又有什么损失呢？姑娘们觉得她的话有道理，便让她留下了。后来，人们把凡是请求别人给自己方便或分沾他人利益、好处都称作'借光'。"

"哦，我明白了，刚才你说的借光不是向大家借什么东西，而是让大家让一让，便于我俩走近舞台，对吗？"八戒若有所悟地说。

"是的，就是这个意思。"小和尚满意地点了点头。

"聪聪小兄弟，今天真是借了你的光了！"八戒乐呵呵地说。

聪聪见八戒能举一反三，学以致用，高兴地笑了。

奥特曼去买菜

昨晚弟弟睡觉，吵着叫妈妈给他讲故事。

妈妈："我讲买菜的故事。"

弟弟："不行！要奥特曼的！"

妈妈："有一天奥特曼去买菜。"

弟弟："不行！要奥特曼和怪兽打架的故事！"

结果，弟弟听完了奥特曼和怪兽为了一斤白菜而打架的故事后，满足地睡着了。

为自己而创作

关培兰

火爆全球的儿童幻想小说《哈利·波特》创造了出版史上的神话。英国女作家J.K.罗琳因此坐拥亿万财产。她的故事有如现代版的灰姑娘，在世界各地流传。

J. K. 罗琳，1965年生于英国格温特郡。她的父亲是飞机制造厂一名退休管理人员，母亲是一位实验室技术人员。从小就喜欢写作的罗琳，6岁时写了一篇跟兔子有关的童话故事。热爱文学的她，大学主修法文，毕业后只身前往葡萄牙发展。和丈夫离婚后，她便带着3个月大的女儿杰西卡回到英国，栖身于爱丁堡一间没有暖气的小公寓里。因为找不到工作，她只能靠着微薄的失业救济金养活自己和女儿。

1990年，25岁的罗琳从曼彻斯特出发，坐火车前往伦敦。不巧火车晚点，就在这几个小时的等待中，哈利·波特闯入了她的生命。透过车窗，罗琳仿佛看见一个黑发、瘦弱、戴着眼镜的小巫师在对她微笑，那时她手边没有纸和笔，便开始天马行空地想象哈利·波特的故事。

回忆起当年的生活，罗琳有感而发：“当初总是担心，在女儿的旧鞋穿坏之前，是否有钱帮她买一双新鞋？”为了避开又小又冷的房间，她老爱窝在附近的尼可森咖啡馆里，点上一杯饮料，然后写哈利·波特的故事。刚开始，咖啡馆的人总用很奇怪的眼神看着她，渐渐地人们习惯了，有时还会同情她，请她喝杯咖啡。不过那里的人们一直都认为她是一个喜欢在纸上乱写东西的怪人。

每每提及刚写完《哈利·波特》第一部时的窘境，罗琳还是会习惯性地看着自己的手指。那时因为没有钱去影印稿子，她只好自己用打字机一个字母一个字母地打成厚厚的两大本书稿，而且要将书稿寄给谁呢？没出过书的罗琳，干脆跑到图书馆翻阅《作家和艺术家年鉴》，在众多的名家中，她选择了克里斯多夫·里特，并将一部分稿件寄给了他。

依赖想象力和灵感过日子的罗琳，戏剧化地挑选了和她未来的命运息息相关的经纪人。她说，在这一辈子收到的信中，最棒的便是里特先生回复的那封信。信上写着："我十分欣赏您的才华，望尽快寄全稿，我会帮您出版。这将是一本非常有趣的书，祝您成功！"这封信罗琳看了足足八遍。

结果，《哈利·波特》刚出版，便狂销全球，罗琳做梦都没有想到，她竟在一夕之间从贫穷的单身妈妈，跻身为国际畅销书作家。不过，罗琳说她不会为了读者或市场的需求，修改早已架构妥当的七本《哈利·波特》的内容。因为《哈利·波特》这本书，纯粹是她为了满足自己的想象力而写的。写这本书是她快乐的源泉，她也不会更改主人公哈利·波特的生命历程。

树洞里的皇冠

林涛

帕瓦王国的城堡附近有一棵大树，树上生活着三只猴子，它们喜欢收集发光的东西。

一天晚上，天气极其闷热，国王就开着窗户睡觉。一只猴子发现国王卧室的窗户开着，就偷偷溜了进去。一进到卧室，猴子就发现了国王放在桌子上的皇冠。皇冠镶着珍珠和钻石，在黑暗中闪闪发光。猴子欣喜若狂，抱起皇冠就跳到了窗外。回到树上，猴子把皇冠藏进了一个树洞里。

第二天早上，国王发现皇冠不见了。他走到窗边，看到了那三只正在树上攀爬的猴子。国王心想：除了猴子，没有谁能悄无声息地盗走皇冠。国王把皇冠失窃的事情告诉了卫士艾雷和拉维，说：“如果你们能找回皇冠，我会重赏你们。”

艾雷和拉维来到大树下，两人傻眼了。艾雷叹气道：“树上的洞太多了，要找到藏在其中的皇冠，太难了！”

这时，一只猴子把一个坚果扔到了拉维的帽子上。拉维摸了摸帽子，说：“也许猴子会给我们提供线索。”

艾雷大笑道：“猴子会帮助我们？你就别做梦了。我们还没吃早餐呢，先去吃早餐吧。”

拉维没有跟着艾雷去吃早餐，而是坐下来观察那些猴子。猴子们抓着树枝蹦啊，跳啊，做着各种有趣的把戏。拉维笑了笑说：“我有办法了。”

拉维找来两顶旧帽子，挂在树枝上。很快，一只猴子把毡帽戴在了头上，第二只猴子也试图拿走草帽。但第三只猴子瞧了两个伙伴一眼，就嗖嗖嗖地往上爬。不一会儿，它又爬了下来，头上戴着国王的皇冠。“瞧瞧我，”这只猴子对它的伙伴说，“我有一顶世界上最漂亮的帽子！”

看着猴子再次把皇冠藏进那个树洞，拉维笑了。他迅速爬上树，把皇冠拿了出来。“非常抱歉，你不能保留国王的皇冠。”拉维对猴子说道，“但是，我很高兴你喜欢炫耀。”

国王遵守承诺，奖赏了拉维一袋金币。

人生最大的灾难，不在于过去的创伤，而在于把未来放弃。

——【美国】海伦·凯勒

树木的魔法

陶诗秀

不停“搬家”的树

在美国西部和近东地区，有一种名叫“苏醒树”的植物。这种树的生活习性非常奇特，在水源充足的环境中，它的长势相当旺盛。可一旦碰上干旱或水分缺乏时，它就会把自己的根须从土壤中拔出来，浑身收缩，形成一个干枯的球状体，然后乘着风开始“远行”。如果风儿把它吹到有水源的地方，它就会把根插进泥土中，重新“安家落户”。不过，当它的“新家”再次面临干旱时，它又会“卷起铺盖”踏上新的“旅程”了。

白天笑晚上哭的树

在巴西生长着一种名叫“莫尔纳尔蒂”的树。这种树在白天会不停地发出一种委婉动听、好似笑声的乐曲声，到了晚上，它又会连续不断地发出一种哀怨低沉的啜泣声，等到天亮时，它又会发出悦耳动听的乐曲声。一些植物学家研究后认为，这种树能发出不同的声响，与阳光的照射有密切的关系。

会指方向的树

在非洲东海岸马达加斯加岛上，有一种“指南树”，高约七米，树干上有一排排细小的针叶。奇怪的是，这种树无论长在哪里，它的针叶总是指向南极。当地人用这种树代替罗盘，确定方向。

进“门”歌

程谱

“口”字进门有学问，
“一”字进门把门闩，
“人”字进门快躲闪，
“才”字进门把门闭，
“心”字进门心里闷，
“马”字进门用力闯，
“耳”字进门用耳闻，
“活”字进门天地阔，
“王”字进门年儿闰。
智慧宫殿门敞开，
进门还须要专心。

成语梯

佚名

请你在下列空格里填上正确的字，使每行成为一个完整的成语或俗语。

露（ ）脚

（ ）可思议

久旱逢（ ）霖

人不知（ ）不觉

船到江心补（ ）迟

智者千（ ）必有一失

冰冻三尺（ ）一日之寒

少壮不努力老大（ ）伤悲

【参考答案】

从上到下依次为：马、不、甘、鬼、漏、虑、非、徒。

春天里的采访

李云

小朋友，下面是一篇十分有趣的童话，请你把马叔叔、牛大嫂和羊奶奶的话补充完整吧。

春天到了，作为《蜜蜂报》的小记者，蜜蜂变得更忙碌了。这不，清晨吃过早饭，她就背着相机出门采访了。

她先飞到小河边，看见马叔叔正在河滩上插柳枝，就亲切地问：“马叔叔，您插这些柳枝干吗？”

马叔叔笑眯眯地说：“我要_____①_____”

她又飞到田间，看见牛大嫂在浇返青的麦苗，就亲切地问：“牛大嫂，您浇这些麦苗干吗？”

牛大嫂边用铁锹引水边说：“我要_____②_____”

她又飞到位于平原的村庄，看见羊奶奶领着一大群老人在街道两边挖坑撒种子，就好奇地问：“爷爷奶奶们，你们这是种什么呀？”

“我们在种花呀，”羊奶奶直起腰，边擦额头上的汗水边说，“_____③_____”

想着夏天一到，街道两旁鲜花盛开，整个村庄变得像城里的公园一样美丽，蜜蜂禁不住举起相机，按下快门，拍下了他们劳动的身影。

小朋友，如果蜜蜂记者去采访你，你想对她说些什么呢？“一年之计在于春”，请写下你在春天里的愿望吧：

我要_____________④_____________。

【参考答案】

①让这些柳树在夏天撑起一片绿荫呢！

②让麦田给我一个丰收的五月吧！

③我们要让整个村庄在夏天变得像城里的公园一样美丽呢！

④略

不用绳子木板钉子来把秋千荡

【美国】谢尔·希尔弗斯坦

先让你的胡子
长到一百英寸长，
把它绕在胡桃树枝上。
（还得看看树枝够不够粗壮）
现在把自己从地上提起，
等春天一到——
就来把秋千荡！

丁丁的阅读笔记

与《哈利·波特》里的霍格沃茨相比，大自然才是一所真正的魔法学校。

在《树的魔法》里，我认识了三种充满魔力的树，它们分别是不停“搬家”的树、白天笑晚上哭的树、会指方向的树。在它们的身体里，像是住着三个顽皮的树精灵，一个总是喜欢环游世界，不停地更换目的地；一个又总是多愁善感，哭哭笑笑，像个林黛玉；而最后一个呢，像一盏指路明灯，为那些迷路的人们指引着方向。

我想，在这个蔚蓝的星球上，肯定还隐藏着许许多多拥有着奇幻魔力的小精灵，等着我们去探索、去发现。

第2章

★自信★

我不是小笨熊

爸爸告诉我，每一片树叶都有自己的色彩，每一朵浪花都有自己的声音，在这个世界上，我们都是独一无二的。

明察秋毫

学习科学，就要有明察秋毫的能力，要懂得观察身边的生活。
太对了!
?
我现在就来考考大家。章鱼的手和脚怎么区分?
我知道，我知道！我放个屁给它闻——
捂鼻子的就是手，其他的就是脚。

星期一
Mon.

【成长智慧树】

我不是小笨熊

张菱儿

小熊乐乐刚开始学爬树，他一不留神从树上摔下来，树枝把他的衣服剐了一个大口子。

小狐狸看见了，大笑着说："你可真是小笨熊！"

乐乐熊红着脸站起来，揉揉摔疼的屁股，抹着眼泪一瘸一拐地往家走。

路上，乐乐熊碰到鸭大婶带着鸭宝宝们散步，鸭大婶问："乐乐熊，你怎么了？"

"我从树上摔了下来，小狐狸还嘲笑我！"乐乐熊噘着嘴巴说。

小狐狸每次见到鸭宝宝，都会把鸭宝宝逗哭，鸭大婶很想让乐乐熊帮她出气，就说："哭什么？你一掌就能把他打飞！"

"老师说好孩子不能打架！"乐乐熊皱着眉头说。

"唉，你可真是小笨熊！"鸭大婶摇摇头，领着鸭宝宝们一摇一摆地走了。

乐乐熊难过地往家走。经过小鸡家门口时，鸡宝宝们正跟着爸爸妈妈学本领，有的学刨土，有的学捉虫，有的学打鸣……

"我还不如鸡宝宝们呢！"乐乐熊想。

小鸡嘟嘟跑过来，说：“小熊哥哥，过来玩一会儿吧！”

“不啦不啦！”乐乐熊摆摆手，蹲下身，把小鸡嘟嘟捧起来，送回沙地上。

“乐乐，你的衣服破了，脱下来我帮你缝缝！”鸡妈妈看到乐乐熊的破衣服说。小鸡宝宝急忙帮妈妈拿来了针和线。

“我从树上摔下来，把衣服挂破了。你说我是不是很笨呀？”乐乐熊绞着自己的衣角问。

“你既聪明又能干！你的鼻子特灵敏，不但会游泳，还会在河里摸鱼……”

“是呀，是呀，小熊哥哥最聪明！小熊哥哥最棒！”十几个鸡宝宝拍打着翅膀，齐声喊道。

“可是，我连爬树都不会！”乐乐熊低着头说。

“我们不可能什么都会，所以才学嘛！孩子，只要好好练，你就会像你爸爸一样，成为爬树能手！”鸡妈妈鼓励乐乐熊说。

半夜，小狐狸睡得正香，突然被一阵敲门声惊醒。他纳闷儿地打开房门，只见乐乐熊站在门外。

乐乐熊大声说：“我来告诉你，我不是小笨熊！”说完，他挺着胸脯咚咚咚地走远了。

分号告状

崔为安

晚饭过后，丁丁躺在床上，不一会儿就进入了梦乡。忽然，嘎吱一声，门开了，两名黑衣人闪身而入，用铁索套了他的脖子，拉起就走。

“你们干什么？你们干什么？”任丁丁喊破喉咙，来人一言不发，径直向前走去。不一会儿，他被带到了文字府衙门。大堂上，标点判官头戴乌纱帽，身穿大红袍，不怒而威。堂前，衙役们手执铁棒，面无表情，站立两旁。

“堂下何人？报上名来。”端详了丁丁一会儿，标点判官终于开口了。

“我叫丁丁。”

“今年多大了？上几年级？”

“十一岁，上五年级。”虽然不知道判官为什么要问这些，但丁丁还是一五一十地回答了。

“你可知罪？”忽然，标点判官一改温和的语气，厉声厉色地问道。

“我——我没犯罪啊。”丁丁一脸迷茫。

“带原告！”标点判官手一挥，衙役们带上一个人来。只见这人脑袋大大的，身子细细的，头上戴着一顶大帽子，那帽子跟他的身子差不多大。来到堂前，他双膝跪地，悲悲戚戚地说：“大人，小民是标点村的一员，名叫分号，是介于逗号、句号之间的一种符号，主要是用来分开并列分句的。可是——”

“说下去，一切由本官为你做主。”

“丁丁同学向来马虎，经常把我的位置让给逗号，或是句号。像今天上午，他写了这样一个句子：家乡的山真高啊，小鸟几乎飞不过去，家乡的山真秀啊，从上到下仿佛铺上了绿地毯。这句话中的第二个标点应该是我，丁丁却故意写成逗号，让我失去了工作。”说到这儿，分号还擦了一把眼泪，“其实，我的用法很简单，如果一个比较长的句子是由两个或更多的短句组合而成，这些短句之间的关系是并列的，那么这些短句之间就要用到我。如：芦苇和蒲草倒映在清凌凌的河水里，显得更绿了；天空倒映在清凌凌的河水里，显得更蓝了；云朵倒映在清凌凌的河水里，显得更白了。这句话中一共有三个小分句，它们是并列关系，所以中间要用我，而不能用逗号或句号。”

听到这儿，丁丁惭愧地低下了头。

“丁丁，”标点判官拍了拍桌子说，“罚你一周之内不许外出，在家中将所有作业检查一遍，将分号的位置还给他们，否则……”

“丁零丁零……”忽然，闹铃响了，丁丁睁开眼睛，惊出一身冷汗。想想昨夜的梦境，他决心认真学习标点符号的用法，做到正确使用它们。

托尔斯泰的“文学规范”

王宝琪

列夫·托尔斯泰是世界上最伟大的作家之一。他的著作数量大、体裁丰富，堪称19世纪俄国社会生活的百科全书，列宁曾称他的作品是“俄国革命的镜子”。如果说他的作品是一面镜子的话，那么这面“镜子”就是“擦”出来的，这“擦”的方法就是不断修改。

托尔斯泰始终把“一再修改”列入他的“文学规范”。他曾说：“不要急于写作，不要讨厌修改，而要把同一篇东西改写十遍、二十遍。”他的著作篇篇炉火纯青，这与他的“文学规范”密不可分。他最负盛名的三部巨著《战争与和平》《安娜·卡列尼娜》与《复活》，就进行过无数次修改。《战争与和平》写了七年，七易其稿，开头部分竟改了十次，改得连出版商都不耐烦了。他却坚决地说：“我不能不这样修改。”《安娜·卡列尼娜》五年时间改了十二次。《复活》在十年中改了二十次，初稿时主题是反映道德问题的，以男主人公聂赫留朵夫为中心展开情节。后来作者思想有了变化，主题转到批判和暴露专制制度罪恶上去，女主人公玛丝洛娃成了中心人物，故事也围绕她而展开。

大文豪尚且要“一再修改”，何况我们呢？我们不妨把草稿读三遍，再改三遍。第一遍看题与文章是否统一，再修改内容；第二遍读改结合，让形式为内容服务；第三遍字斟句酌，修改字、句、段与标点符号，直到句句入耳，段段精彩，方可定稿。这样写出来的文章，读者怎么能不爱读呢？

突出重点

老师让学生每人写一篇作文，并提出写作要求：要重点写人，切记，要写人物突出的地方。小明听后眼睛一亮。

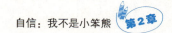

老师：“小明，你准备写谁？”

小明：“写我奶奶。”

老师：“你奶奶哪些地方突出？”

小明：“我奶奶腰椎间盘突出。”

吹牛的另一个作用

龚房芳

森林里有一群爱吹牛的家伙，他们是谁呢？最能吹的就数小老鼠了。别看他个子小小的，吹起牛来却是无所不能，在他的嘴里，能腾云，能驾雾，能上山，能入海。他吹牛的劲头，就好像他是这个森林里的老大。

第二个会吹的就是狐狸喽。他总炫耀自己曾经是比百兽之王还厉害的天神，那时候，所有的动物都怕他呢！

乌龟也爱吹牛。他曾在比赛中战胜了骄傲的兔子，成了赛跑的冠军，这个谁不知道，谁不夸他呀！直到现在，还有人嘲笑那只兔子呢！

还有，连狼都不怕的小猪，还有……总之，这些爱吹牛的厉害人物，到了一起除了吹牛什么也不干。

有一天，森林里有了新规定：不许吹牛。这可把这群爱吹牛的家伙憋坏了。不能吹牛，肚子里的气就出不来，所以他们的肚子一天比一天大。大家都着急，再这样下去，会把肚皮撑破的。

看到小猫拿着一只瘪气球，小猪一把夺过来，帮着吹气。这个气球真大！哈，里面全是小猪憋的吹牛资料。

这个办法挺管用，大家都找东西吹。小猫想出了好主意，做了好多大风车，然后免费让大家吹着玩。

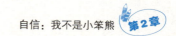

风车转呀转，就有了电。电进了小猫的家，到处亮堂堂的。晚上，小猫家像泛起了许多星星。

爱吹牛的家伙们都感谢小猫，说他救了大家。小猫只笑不说话，他心里明白，其实是大家帮了他的忙。所以他还想办个晚会，让大家都来好好享受一下。

春天

金波

晨光叫醒了风，
风叫醒了树，
树叫醒了鸟，
鸟叫醒了云。

云变成了雨滴，
滴落在大海；
海水变蓝了，
洗亮了升起的太阳。

太阳睁着亮眼睛，
望着树，望着花，望着鸟，
到处花花绿绿，
到处热热闹闹。

小鼹鼠，一起晒太阳吧

陈素萍

“小鼹鼠和太阳公公从来不说话，这是真的吗？”正在晒太阳的小松鼠问他的好朋友小熊。

“我也发现了，但是不知道为什么，小鼹鼠就是不愿意见太阳公公。”

“咱们去找他问问吧。一定要想办法，让他俩和好！”

“嗯，为大家的友谊，加油！”

两个好朋友很快就来到了小鼹鼠家门口。

“小鼹鼠，你好吗？”小松鼠咚咚咚地敲响了门。

“今天天气可好了，快出来和我们一起晒太阳吧！”小熊热情地喊道。

“小松鼠、小熊，是你们呀！”小鼹鼠把门开了个小缝儿，用手遮住了眼睛。

“你怎么啦，小鼹鼠？难道你真的和太阳公公闹别扭了？”小松鼠很担心。

“哪有哪有，我们鼹鼠一直生活在黑暗的地底下，所以特别害怕明亮的阳光，要是晒太阳，浑身就会特别难受！”

“哎呀，是这样啊，那你赶快回屋吧！”

“谢谢，我的眼睛真有点儿受不了！替我向太阳公公问好哦！”

小松鼠和小熊终于明白了，也放心了。他俩想了个好办法，在小鼹鼠家门外，一边晒太阳，一边讲故事、唱歌儿，让好朋友小鼹鼠也能感受到阳光般的友谊。

【喵博士讲科学】

鼹鼠矮矮的、胖胖的，特别擅长挖土。它们白天住在地底下，夜晚才出来活动。由于鼹鼠长期处于黑暗之中，视力慢慢退化，所以特别害怕阳光，照太阳的时间一长，中枢神经就会混乱，甚至危及生命。

绕口令

坡上立着一只鹅，
坡下就是一条河。
宽宽的河，
肥肥的鹅，
鹅要过河，
河要渡鹅，
不知是鹅过河，
还是河渡鹅？

问我是啥鸟

王冠

问我是啥鸟？就是“我”的鸟，曲项向天歌，人称大白______。

问我是啥鸟？“又”是一只鸟，公的催人早，母______孵雏鸟。

问我是啥鸟？天下第一鸟，鸟左有个“甲”，善游人称______。

问我是啥鸟？“江”边一只鸟，春来又秋去，候鸟是______雁。

问我是啥鸟？我是“昔”日雀，尾长黑间白，报喜是喜______。

问我是啥鸟？混身长黑毛，“牙”旁加上鸟，乌______就是我。

问我是啥鸟？传说中大鸟，飞行八万里，“朋”鸟是______鸟。

问我是啥鸟？就是“它”的鸟，不飞只能跑，个高是______鸟。

【参考答案】

鹅　鸡　鸭　鸿　鹊　鸦　鹏　鸵

【读写加油站】

童年趣事

陈韵琦

小时候，我家院子里种着一棵和我年龄一样大的橘树。我经常靠在树上测量自己的身高，并拿小刀在树干上刻下记号。有一天，我忽然发现自己比那记号矮了。天哪！难道我倒着长了？我害怕极了，连忙跑去问妈妈：“妈妈，为什么别的小伙伴都长高了，我却越长越矮呢？”妈妈忙放下手里的活，把我放在椅子上问：“为什么这么说啊？”我忙跳下椅子，拉住妈妈的手，把她拉到橘树前，指着树上刻的记号说：“我前几天用小刀在树上刻下了我的身高，可是我今天刻的横线竟然在那天刻的横线下面了。”我边说边在树上指出那两条横线。

妈妈听了我的话，又看了看树，沉默了两分钟后莫名其妙地大笑起来，笑得都直不起腰来，眼泪都出来了。然后，她对傻呆呆看着她一言不发的我说：“傻瓜，（　　）你矮了，（　　）树高了，以后可别做这种傻事喽。”我恍然大悟，原来（　　）我要长高，小树（　　）要长高的。想通这个问题之后，我又高高兴兴地去找小鸡玩耍了。

哈哈，有趣吧！我的童年就是这样，傻事趣事一箩筐。像给雪娃娃洗澡，给自己剃眉毛等这样的事举不胜举。也正是这么多的趣事、傻事组成了我色彩斑斓的童年，欢乐的童年，令人留恋的童年。（　　）这段金色时光正慢慢离我远去，我已不再做那么傻的事了，（　　）我相信童年趣事一定会成为我人生中最美好的回忆！

【练习提升】

1. 给下列加点字注音。

冲刷（　）
闪烁（　）
恍然大悟（　）
色彩斑斓（　）

2. 在文中的括号里填上恰当的关联词语，使句子变完整。

【参考答案】

1. shuā shuò huǎng lán
2. 并非……而是……
不但……也……
虽然……但……

丁丁的阅读笔记

妈妈也常常叫我小笨猪，下回，我会用《我不是小笨熊》里，鸡妈妈鼓励乐乐熊说的那句话来回击妈妈：“我们不可能什么都会，所以才学嘛！”

好喜欢星期四的那首小诗：“晨光叫醒了风/风叫醒了树/树叫醒了鸟/鸟叫醒了云……”

晨光好像一个欢快的小孩子，蹦蹦跳跳，叫醒了轻柔的春风。春风吹拂着大地，叫醒了打瞌睡的大树伯伯。大树伯伯伸了伸懒腰，叫醒了可爱的鸟儿。可爱的鸟儿叽叽喳喳飞上蓝天，又把调皮的云朵叫醒。最后，太阳公公露出了笑脸，叫醒了所有清晨睡梦里的人们。

多么可爱的晨光，多么可爱的春天啊！

第3章

★ 乐观 ★

窗边的小豆豆

假如有一天，我变得像精灵鼠小弟那样小，我要乘着鸽子的翅膀，飞向金字塔，飞向加勒比海，飞向任何我想到达的地方。

举一反三

我国古代对人常常尊称为“子”。
孔子
老子
庄子
那是一个对师长无比尊敬的年代。
老师？
老师我明白了。
丁丁会举一反三了。
李老师就是“李子”，包老师就是“包子”！

绊脚石和垫脚石

慧丽

一个走夜路的人碰到一块石头上，重重地跌倒了。

他爬起来，揉了揉疼痛的膝盖继续向前走。

他走进了一个死胡同。前面是墙，左面是墙，右面也是墙。

前面的墙刚好比他高一头，他费了很大力气也攀不上去。

忽然，他灵机一动，想起了刚才绊倒自己的那块石头。为什么不把它搬过来垫在脚底下呢？想到就做，他折了回去，费了很大力气，才把那块石头搬了过来，放在墙下。

踩着那块石头，他轻松地爬到了墙上，轻轻一跳，就越过了那堵墙。

【赏析】

不一样的心态，决定了不一样的想法和做法，绊脚石也好，垫脚石也罢，都只是一块石头，会不会利用它来逃离困境，就看我们的心态了。生活中的困境、磨难、坎坷、矛盾等，从某个角度看，都是我们前进道路上的绊脚石，但换个角度看，它们也是我们前进道路上的垫脚石，可以使我们站得更稳、更高……

小苏轼三改梅花诗

孙铭

苏轼10岁那年，一个早春的夜晚，和暖的东风吹拂着摇曳的细柳，溶溶的月色映照着淡淡的梅花，小苏轼向父亲请教写文章的秘诀。父亲苏洵看着小苏轼那稚气的样子，又看看眼前这美好的夜景，对他说："你看，轻风细柳，淡月梅花，你能在这两句中各加一个字，使这两句更加符合眼前的情景，更加有韵味吗？"小苏轼想了一会儿，说："'轻风摇细柳，淡月映梅花'，行吗？"苏洵摇摇头说："太平淡，缺乏韵味，再看看，再想想。"

小苏轼又思考了一番，念道："轻风摇细柳，淡月隐梅花。"

苏洵听了，点点头说："有点儿意思了，但还嫌平了些。"他又摸摸儿子的头说："一定要多多观察，细细揣摩。"

苏轼看啊，想啊，吃不下饭，睡不着觉。夜间，月光透过丝丝垂柳的枝条照在地上，和风吹过，将月影筛碎了。皎洁的月光照在盛开的梅花上，花朵在溶溶的月光下渐渐淡下去，花色与月色融为一体，消失了。这时，有两个字跳到他的脑中，他随口吟道："轻风扶细柳，淡月失梅花。"

他把这两个字告诉父亲，父亲高兴地说："太好了！这个'扶'

字既写出了杨柳的轻盈体态，又写出了春风的情意，把景物写活了；这个‘失’字，写出了梅花和月色融为一体，分不清是花色还是月色，把诗的境界巧妙地烘托了出来。”

有一位作家曾说过：“任何一个事物，任何一件事情，都有一个最准确的词语可以把它表现出来。作家的才能，就是找出那个最准确的词语。”而要找出那个最准确的词语，就要像文中苏洵说的：“一定要多多观察，细细揣摩。”

全优的“成绩单”

妈妈看着儿子拿回来的成绩单，说道：“你这学是怎么上的？不是及格就是良，有没有好一点儿的？”儿子赶紧翻书包，递给妈妈一张单子：“妈妈，老师说我这个单子里的各项都是优。”妈妈拿过来一看，原来是体检单。

乐乐猪接雨

崔为安

“哗哗哗……”午后，天下起了大雨。雨点儿打在玻璃上，啪啪直响。对面屋顶的瓦片上，溅起了一朵朵水花。

看着窗外的大雨，欢欢兔心急如焚。上午放学后，它跟乐乐猪约定，今天下午一同到森林公园去游玩！眼看雨越下越大，没有停歇的意思，欢欢兔打起雨伞，冲进了雨中。

推开乐乐猪家的大门，欢欢兔哭笑不得。只见乐乐猪光着屁股，端着一个大塑料盆，正在屋檐下接水呢！“三十、三十一、三十二……”它嘴里数着数，接满一盆水，随手倒掉，然后再接。

“乐乐，你在干什么？”欢欢兔奇怪地问。

乐乐猪放下塑料盆，抹了一把脸上的雨水，说：“老师经常说，雨下得大可以用‘千盆大雨’来形容，我想测量一下这场雨有多少盆水呢。”

“呵呵。”欢欢兔听后笑出了眼泪，放下雨伞，用袖子擦了擦眼睛，说，“老师说的不是‘千盆大雨’，而是‘倾盆大雨’，意思是说雨水大得像盆里的水直往下倒，形容雨大势急，也可比喻一次就布置很多的工作任务与学习要求等。”

“这……这……”乐乐猪的脸一下子变红了，喃喃道，“怎么会这样呢？”

“说起来，关于这个词语还有一个小故事呢。”欢欢兔将乐乐猪拉进屋里，帮他擦去身上的雨水，继续说道，“苏格拉底是古希腊的思想家、哲学家、教育家，他的老婆很泼辣。有一次，苏格拉底给他的学生讲课，忘记了老婆交代的家庭作业。正当他讲得神采飞扬的时候，他老婆走了过来，劈头盖脸地骂起他来。见苏格拉底仍继续讲课，她毫不留情地端起一大盆水泼向他。在场的学生都认为苏格拉底会怒斥妻子一顿，哪知苏格拉底摸了摸浑身湿透的衣服，风趣地说道：‘我知道，打雷之后，必定会大雨倾盆的。’‘倾盆大雨’一词就由此而来。”

“哈哈哈……”听完这个故事，乐乐猪笑了起来。

“你看看外面，我们再来探讨一下‘倾盆大雨’。”欢欢兔拍了乐乐猪一把，然后向外指了指，“瞧，雨才下了一会儿，你就接了三十多盆水。如果一场雨才下千盆的话，不要说分散在整片森林，即便是分散在我们村子里，恐怕比毛毛雨还要小呢。”

“嗯嗯嗯，你说得很有道理。”乐乐猪听了，连连点头。

一个人的价值在于他的才华，而不在于他的衣饰。

——【法国】雨果

窗边的小豆豆（节选）

【日本】黑柳彻子

小豆豆想到这是一次对谁都保密的冒险行动，马上高兴了，望着泰明同学的脸嘻嘻嘻地笑开了。

泰明也咧开嘴笑了。接着小豆豆便把泰明带到自己那棵树下，立即按昨天晚上想好的计划，首先跑到勤杂工叔叔的库房去，拖来一架梯子，然后把它竖靠在树杈之间，迅速地爬了上去。小豆豆在上面按住梯子，冲下面喊道：“好啦！你爬一下吧！”

泰明手脚都使不上劲儿，靠一个人的力气根本连一磴也爬不上去。于是小豆豆又以惊人的速度面向泰明从梯子上下来。这次她想从后面推着泰明的屁股让泰明往上爬。然而小豆豆又小又瘦，只顶住泰明的屁股就已经用上了全身力气，再要按住那摇摇晃晃的梯子，她是一点余力也没有了。泰明把蹬在梯子上的腿挪下来，垂着头默默地站在梯子旁边。小豆豆这才意识到这件事远比自己预想的要难得多。

泰明同学十分胆怯地打量着这架双面梯子，接着又看了看汗流浃背的小豆豆。泰明自己也出了一身汗。他又抬起头朝树上看了看，终于下定了决心，抬腿向第一级迈去。

接下来，一直到泰明同学登上这四脚梯子的最上面为止，究竟用了多少时间，他俩也不知道。在夏日阳光的暴晒下，二人脑海里别的什么念头也没有了，一心只想着泰明同学能爬到梯子顶上就是胜利。小豆豆钻到泰明的胯下，双手抱住他的腿，用头顶着泰明的屁股帮他往上爬。泰明也使出浑身力气拼命往上攀，最后终于登到了梯子的最高处。

欢迎小雨点

圣野

来一点
不要太少
来一点
不要太多

来一点
小蘑菇撑着小雨伞

来一点
荷叶钻出水面来等

小水塘笑了
一笑一个酒窝

小野菊笑了
一点一个敬礼

大象醉酒了

王小平

在南非的森林里，有一棵叫玛努拉的树，树上硕果累累。动物们发现果树后，就聚在一起，品尝美味的玛努拉果。

大象却没来，他最近正忙着写儿歌。你瞧，他一路走还一路唱：“好大象，帅大象，耳朵大来鼻子长。四条腿，像大柱，走起路来有力量。谁敢和我来相比？我是森林象大王。”

他总是把头昂得高高的，见了谁都不理睬，大家都不愿意跟他说话。

他恰巧散步到了玛努拉树下，见大家吃得津津有味，就用长鼻子一钩，也摘了几个果子。

“哇，太好吃了！这些果子现在都属于我啦！”大象挥舞着长鼻子将大家全部赶走了。他自己则像猪八戒吃人参果一样，“啊呜啊呜”大吃起来。终于，他吃饱了，一边打嗝一边走到河边去喝水。

不一会儿，奇怪的事情发生了：只见大象摇头晃脑地狂奔起来，一会儿跑一会儿跳，还不停地摆造型。

大象疯了吗？大家都吓坏了。

一股酒气从大象经过的地方传了过来。天哪，原来大象醉了！

这可真是件怪事儿！斑马是森林里最好学的人，他立即跑回家查阅书籍。原来，玛努拉的果实味美多汁，可以酿酒。由于大象胃里的温度很适合酿酒酵母生长，因此，大象暴食这种果子后，再喝进一些水，便会醉酒，大撒酒疯。

“原来是这样啊！”整整一下午，动物们都在找法子帮大象解酒。

大象酒醒后，知道了发生的一切，十分不好意思。他决定以后要做一头好大象，和大家相亲相爱。

看病

小亮被妈妈带去医院看病。医生为了让小亮不紧张，就指着他的耳朵逗他说：“小朋友，这是你的鼻子吗？”

小亮看了看医生，转过头很严肃地对妈妈说：“我们需要换一个医生。他连鼻子和耳朵都搞不清，还怎么看病？”

歇后语总动员

佚名

小朋友，试试将狗、猪、猴子、老鼠这几种小动物填在下面括号里，组成形象的动物歇后语。

(　　)出洞——东张西望
(　　)屁股——摸不得
(　　)拿耗子——多管闲事
(　　)八戒戴花——臭美

植物谜语猜不停

佚名

（一）

小时青青腹中空，
长大头发蓬蓬松，
姐姐撑船不离它，
哥哥钓鱼拿手中。

（二）

水上生个铃，
摇摇没有声，
仔细看一看，
满脸大眼睛。

【参考答案】

歇后语总动员：老鼠 猴子 狗 猪

植物谜语猜不停：（一）竹子（二）莲蓬

春天的田野

朱爽声

①春天的田野是一幅画。走进田野，扑面而来的是阵阵色彩的清香。放眼望去，赤橙黄绿青蓝紫交相辉映，斑斑斓斓，令人yǎn huā liáo luàn。

②最为突出最具代表性的就是那流油的绿了。那是田里刚长出的小草，有两三寸高，毛茸茸的，蓬松且柔软，犹如一块块绿色的绒毯铺垫在广阔的田野上；清晨，草尖挂满了露珠，在晨光中闪烁着温润柔和的绿光，又像一块块碧玉镶嵌其间……

③其次要数黄色，那是恣意怒放的油菜花，清新而且dàn yǎ，犹如刚熔化的金水，在微风中翻滚着一层层金色的波浪……

④那泛着银色光亮的是农人刚耕种好的早稻秧田，像一块块锃亮的明镜，灿烂而且刺眼。此时，春姑娘正在对镜梳妆，她要用整整一个季节的时间，把自己zhuāng bàn成世上最美丽的新娘……

⑤还有那紫色的紫云英，稀稀散散地点缀在田野里，如珍珠般jīng yíng，如玛瑙般绽放出迷人的紫光……

⑥这是一幅尚未收笔的、永远都无法收笔的水彩画。

⑦否则，我会把它折叠起来，收藏在我的书架上；现在，我只好

把它储存在我记忆的收藏夹里，当我打开记忆时，也就打开了一个美丽的春天！

【练习提升】

1. 看拼音写词语。

yǎn huā liáo luàn

dàn yǎ　　zhuāng bàn　　jīng yíng

2. 请在第②节中找出表现刚长出的小草特点的词语，写在下面的横线上。

____

____

【参考答案】

1. 眼花缭乱 淡雅 装扮 晶莹 2. 两三寸高 毛茸茸 蓬松 柔软

丁丁的阅读笔记

星期四那天，我读了一篇节选自《窗边的小豆豆》的文章，读完之后，就让妈妈给我买了这本书。

我太喜欢小豆豆了。起初，小豆豆在一般人眼中是一个坏孩子，上课的时候总是注意力不集中，不是对着屋檐下的小燕子打招呼，就是不停地拉抽屉，简直就是一个超级淘气包。

但是，当她来到巴学园，就成了大家眼中可爱、聪明、乐观又自信的小孩子。因为，小林校长每次见到她，都会说："小豆豆，你真是个好孩子。"

另外，小豆豆的妈妈真是一位善解人意的好妈妈，对待顽皮的小豆豆总是那么宽容。还有她的好朋友泰明、牧羊犬洛基，我都很喜欢。总之，我太喜欢这本书啦！

第4章

★勇气★

想当冠军的灰鸽

老师说，在未来的生活中，我们会遇到很多困难，但每一种困难都有一把能解开它的钥匙，关键是要有勇气去寻找。

不入虎穴，焉得虎子

没有什么成语可以难倒我！
哦？
People mountain people sea!
人山人海！
Look through autumn water!
望穿秋水！
Blue who say and the who's!
……嗯……这个……我答不上来。
哈哈哈
不入虎穴，焉得虎子。

想当冠军的灰鸽

易铭

灰鸽身强体壮，翅膀也特别大，飞行速度很快，大家都称赞灰鸽是“飞行大力士”。

一天，灰鸽遇见了曾经获得信鸽长途飞行比赛冠军的白鸽，说：“我想参加今年的信鸽长途飞行比赛，你看我能不能获得冠军？”

白鸽看了一眼灰鸽，说：“你的身体条件很好，很有希望啊！”

灰鸽自信地说：“大家都夸我是‘飞行大力士’，我想我一定能够获得冠军！哈哈，如果我获得了冠军，就能和你一样名扬四海了！”

白鸽说：“获得长途飞行比赛的冠军确实是一件很荣耀的事，不过，强手众多，要取得冠军可不容易。几天几夜长途跋涉的艰险，你也应该有足够的思想准备。”

灰鸽满不在乎地说：“长途飞行我有的是力气，一路飞行一路看看大好河山，怎么会有艰险呢？”

白鸽说：“你除了奋力拼搏和强手竞争，还要时刻提防猎人的枪弹和老鹰的袭击。还有，突如其来的电闪雷鸣很可能会使你迷失方向，强烈的暴风雨也有可能把你击倒在地。受伤甚至死亡是常有的事。”

灰鸽听了，立刻说：“原来长途飞行有这么多艰险啊！我还是别参加比赛了。”

面对激烈残酷的竞争，有的人并不缺少实力，而是缺少勇气！

我的影子

【英国】斯蒂文森

我有个小小的影子总跟着我走动，
不知他除了让我看见还有什么用。
虽然他从头到脚都和我一样，
却总是比我抢先一步跳上床。

最有趣的是他时刻都在变化，
不像别的孩子慢慢长大，
有时他像是个皮球一蹿老高，
有时又小得让你看不到。

他不懂怎么玩孩子们的游戏，
只好处处学我的样子。
我知道他很胆小，你别笑，
他跟我一样需要妈妈的拥抱！

一天早上，太阳还没起床，
我悄悄地去花园看露珠的闪光，
可我懒惰的影子却留在了家中，
他还躺在床上，睡得正香。

“司空见惯”是怎么来的？

佚名

爸爸：“司空见惯”是什么意思？

豆豆：指看惯了，就不觉得奇怪。

爸爸：生活中有哪些事情你已经司空见惯了？

豆豆：比如，交通事故，不是车碰伤了人，就是车剐蹭了车；写作文出现错别字，把“安装”写成“按装”……

爸爸：你知道“司空见惯”的近义词是什么吗？

豆豆：不足为奇、习以为常、见怪不怪……

爸爸：那你知道“司空见惯”这个成语是怎么来的吗？

豆豆：这个我还真不知道，您快说说吧。

爸爸：“司空”是古代的一个官职，专门掌管建设工程。相传唐代司空李绅邀请苏州刺史刘禹锡喝酒，酒席上有歌妓劝酒，并歌舞助兴，场面非常奢华。刘禹锡酣畅淋漓之时，诗兴大发，就写了一首诗：“高髻云鬓宫样妆，春风一曲杜韦娘，司空见惯浑闲事，断尽江南刺史肠。”这首诗既是讽刺当时的官员过着花天酒地的奢侈生活，也指司空李绅对这样的事情，已经见得多了，习惯了，不新奇了。后来就有了“司空见惯”这个成语。

豆豆：原来“司空见惯”出自这样一个故事啊！

少年海明威的钓鱼经历

徐竞草

12岁那年，有一次，海明威跟随父亲一起去瓦隆湖里钓鱼，父子俩各守着一个垂钓点，相距有几十米。很快，父亲便开始不断钓上鱼了，但他却始终没鱼咬钩。他决定穿上防水靴，走进冰冷的湖水中，那样鱼钩便能抛到深水区，那里的鱼可能会多些。

果然，不一会，他的鱼线便猛地向下沉，紧接着，鱼竿也被拉弯了。上钩了的这条鱼挣扎的力量非常大，差点把他拉倒在水中。经验和手感都告诉他——这是一条大鱼。于是，他极力地控制好平衡，拉拉放放，与那条鱼斗智斗勇。

那条鱼也非等闲之辈，它一会左，一会右，然后又猛地翻滚出水面——是一条漂亮、肥大的大马哈鱼，目测至少有10公斤！

看清是一条大马哈鱼后，他更加兴奋了。可不妙的是，很快，他便被那条鱼拉拖到了深水区的边缘，防水靴也进了水，他知道自己一旦被拖掉进深水区，大马哈鱼将能获胜。

他一边努力去收线，一边大声喊道：“爸爸，快来帮我，帮我！”但没有回应，他急急地朝父亲的垂钓点瞄了一眼，却没发现父亲。

他不能指望父亲的帮助了，因为大马哈鱼突然一转弯，向不远处有一半是浸在水中的灌木林中游去。他知道，如果鱼一旦游进那里，自己就是有天大的本事，也无法将它抓住了，因为灌木丛会把鱼线缠绕断！

他决定赶在鱼到达那里之前截住它！他脱下防水靴，一个猛子扎进水里，一边紧紧地缠住鱼线不放，一边快速地奋力潜泳。但这相当危险，因为他根本不清楚水中有没有暗流或漩涡。几分钟后，他从水中浮了出来，怀中抱着的正是那条大马哈鱼！此时他已经冻得浑身发颤，嘴唇发紫，只有奋力地朝岸边游去，连同那条大鱼一起。

刚一到岸边，他便发现有人递来一个大网兜，此人正是他的父亲。父亲把鱼放好后，弯腰将他抱上了岸。

“爸爸，你刚才在哪？为何不及时过来帮我，我差点被这条鱼打败，被水淹死！”他用颤抖的声音不满地问道。

“我就在离你最近的这片树林里呀，”父亲回应道，“如果你真的不行，爸爸会立即把绳子抛向你，假如你被暗流或漩涡卷下去了，爸爸一定会拼死救起你！”

停了停，父亲继续说道：“但是，儿子，你要记住的是，你必须先靠自己，竭尽所能，而不是靠别人，哪怕是你最亲的人。今天，你已经做到了，爸爸为你感到特别自豪！”直到此时，他才发现脚下有一堆绳子，绳子的一端系在一根粗壮的树身上。原来，父亲早已做好了营救自己的准备——父亲并非在袖手旁观，而是在默默地关心着自己，并随时准备下水与自己并肩作战！

这位少年，便是后来写出《老人与海》的美国著名作家海明威。

后来，从西班牙战场上回来的海明威曾这样说过：“我之所以能成为枪林弹雨中的一个硬汉，并幸运地活着回来，主要得益于父亲对我的那次教导。每当我碰到危难，就总感觉到父亲站在我的身后，随时准备支援我，这让我变得勇敢和坚强！”

（摘自《人生》）

云彩的名字

吕丽娜

一个温暖的下午，有一朵小小的云彩悄悄地从天空飞了下来。大家都忙着自己的事，谁也没有注意到他。

小猫茉莉正在读一本厚厚的书，根本没注意到他。

小兔子达达正在给她的菜地浇水，也没注意到他。

……

最后，他发现了趴在河边悠闲地晒太阳的小乌龟罗拉。

“就是他了。”云彩高兴地自言自语。

小乌龟听到头顶轻柔的脚步声，抬起头，看见了云彩。

“你好，云彩！”小乌龟笑嘻嘻地问，“你为什么不待在天空呢？”

“因为我想要一个名字。你可以给我取个名字吗？”云彩轻轻地说。

小乌龟想了一会儿。

“叫罗拉。可以吗？”

“罗拉？云彩罗拉，很好听啊！怎么会想到这个名字呢？”

“因为我喜欢这个名字，”小乌龟有点不好意思地说，“还因为，我就叫这个名字。”

“太荣幸了！”云彩高兴地说，“从现在开始，我就做你的云彩，因为你把你的名字送给了我。”

“那么，你能不能帮我的伙伴们都取个名字呢？这样，我们在空中飘来飘去，就可以互相打招呼了。”

“可以啊！”小乌龟罗拉很开心。

……

晚饭后，小乌龟和伙伴们聚在大槐树下面聊天。

“我今天读了一本很有趣的书。”小猫茉莉说。

“我今天给我的菜地浇了水。”小兔子达达说。

“我今天给每一朵云彩都取了一个名字。”小乌龟笑嘻嘻地说，“现在，天空中有叫罗拉的云，有叫茉莉的云，有叫朵朵的云，有叫达达的云，好玩吧！”

“哎哟，小乌龟！”伙伴们都叫起来，“你浪费了整个下午的时间！”

不过第二天，小猫茉莉坐在大树下，一边看书，一边不断地抬头看天。后来，他终于忍不住跑去问小乌龟：“小乌龟，哪一朵是我的云彩呀？”

“喏，就是那一朵。”小乌龟把那朵叫茉莉的云指给小猫看。

小兔子达达也跑来了，还有小羊朵朵，小鹿白雪，小松鼠卡卡……

所有的小伙伴都来了，因为他们都想知道，哪一朵云彩是自己的。

现在，小乌龟和他的伙伴们一有空就喜欢抬头看云彩，如果看到自己的那一朵，就冲他挥挥手；如果看不到也没关系，反正他总是在那里，在天空的某个地方。

小鲤鱼几岁了

窦晶

阳光真好，一条小鲤鱼正在河里游泳，摇摇头，摆摆尾，转个圈儿，哈哈，快活极啦！这时，他听见了岸上的小猴子和小松鼠的谈话。

“小松鼠，你几岁啦？”

“我四岁了，你呢？”

“我五岁啦，你得叫我哥哥。”小猴子神气地对小松鼠说。

小鲤鱼听了，不禁伤心起来：我从来也不知道自己的年龄，要不是小时候的那场洪水，自己也不会和爸爸妈妈走散……

“小蜗牛，你知道我多大了吗？”小鲤鱼找到小蜗牛问。

“噢，不知道。不过我知道自己多大了，我壳上的纹路有几圈，就是几岁。”

小鲤鱼问岸边的小柳树：“小柳树，你知道自己几岁了吗？”

“我的年龄藏在肚子里，听说叫年轮。”

“我的肚子里会有年轮吗？”小鲤鱼嘀咕起来。

“小家伙，鱼儿的年龄就在鳞片上呢！”这时，路过的乌龟爷爷说道。

小柳树看到小鲤鱼的鳞片上有一圈一圈的同心圆，她仔细一数，一共是三圈：“哈哈，你三岁啦！”

小鲤鱼高兴地跃出水面：“原来我已经三岁啦！”

描写夜空的精彩句子

佚名

- 弯弯的月牙儿犹如一只银亮的小船。
- 窗外弯弯的月牙儿，像开放在幽蓝的夜空中的菊花瓣。
- 那弯弯的月牙儿在薄云里穿梭，像梭鱼似的，活泼可爱。
- 月牙儿像姑娘的眉毛，弯弯地挂在纯净的夜空。
- 月亮姑娘升起来了，仿佛正悄悄地对身边的小星星说话。
- 一轮圆月正冉冉升起，那银色的月光映着羽毛般的轻云，美妙极了。
- 夜幕降临，幽蓝幽蓝的天空中点缀着无数小星星，一闪一闪的，仿佛在邀请人们到广阔的太空中去遨游。
- 没有月亮，繁星像大荷叶上的露珠似的闪烁着。
- 月亮出海了。在腾空的一瞬间，它仿佛猛地一跳，浑身披满水花，让多情的大海把它冲洗得分外明丽和洁净。

星期日
Sun.

【读写加油站】

五个月与五分钟

佚名

从前，有个国王酷爱马。他请来一位画家画马，可一连等了五个月，还未见画家献画。国王等得不耐烦了，叫来画家，让他当面作画。画家拿起笔，飞快地画了起来。眨眼的工夫，一匹栩栩如生的骏马就画好了。

国王惊讶地问：“你花了五个月都画不好一匹马，可为什么现在只要五分钟就画好了呢？”画家把国王带到画室，只见里面堆满了大大小小的纸张，张张都画满了马。画家说：“五个月来，我画了一张又一张，没有过去的五个月，哪有今天的五分钟呢？”“是呀，成就来自长期的刻苦磨炼！”国王听后，意味深长地感慨道。

【练习提升】

1. 找近义词。

惊讶　　　　感慨

2. 联系上下文，解释下面的词语。

（1）酷爱：

（2）意味深长：

3. 读了这个故事，你懂得了什么道理？

【参考答案】

1. 惊奇 感叹 2. 酷爱：非常爱好； 意味深长：指意思含蓄深远，耐人寻味。 3. 略

春天是这样来的

张国南

叮咚，叮咚！
小溪试试清脆的嗓子。
啊，春天是唱着歌来的！
呼啦，呼啦，
柳枝弯弯柔软的腰。
啊，春天是跳着舞来的！
哔剥，哔剥，
春笋在泥地里快活地拔节。
啊，春天是放着鞭炮来的！

丁丁的阅读笔记

前不久，妈妈陪我读完了名著《老人与海》，我们都对老渔夫桑提亚哥不畏失败的勇气钦佩不已。这周三，我又恰好读到了关于少年海明威钓鱼的故事。妈妈说，正是因为海明威从小学会了独立和勇敢，凡事都依靠自己的力量，才有了后来的成就。

听了妈妈的话，我大声地对妈妈说："我也要做像海明威那样勇敢的孩子！从今天起，我要自己睡觉！"

那天晚上，我飞快地钻进被窝，尽量不让那些可怕的妖怪从我的脑海里冒出来。第二天，我发现自己一个人躺在床上，阳光从窗外照进来，好温暖啊！哇，我不怕黑啦！

第5章

★ 勤奋 ★

一片雪花的重量

爸爸妈妈，请不要再叫我小懒猪啦。从现在起，我要做一只早起的鸟儿，站在枝头上，迎接清晨的第一缕阳光。

一举两得

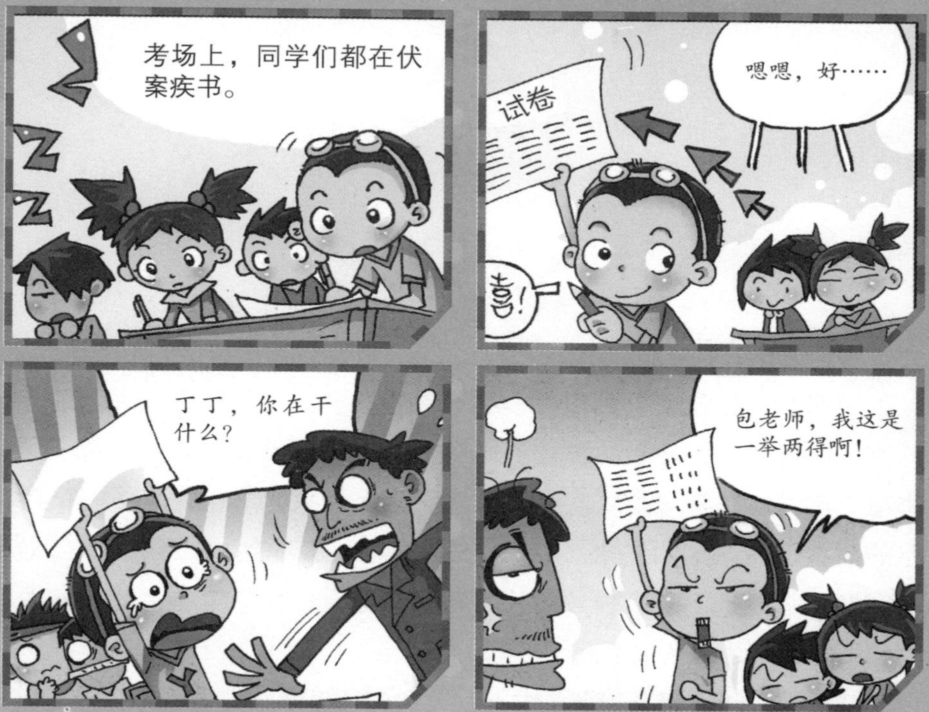

考场上，同学们都在伏案疾书。
试卷
嗯嗯，好……
嘻！
丁丁，你在干什么？
包老师，我这是一举两得啊！

一片雪花的重量

佚名

一只知更鸟问一只鸽子："你说，一片雪花的重量有多少？"

"一片雪花的重量？"鸽子闪过一丝吃惊后，马上脱口而出，"微不足道！"

"那么，让我来告诉你一个不平常的故事吧。"知更鸟说，"有一次，我落在一棵冷杉的树枝上休息，紧挨着树干。这时候下雪了，小瓣小瓣的雪花缓缓地降落。我闲来无事，便数起了正往对面一根粗粗的树枝上飘落的雪花来。1、2、3……我一直数到141254，什么也没有发生。但是，当第141255片雪花轻轻地飘落在那树枝上时，突然'啪'的一声，树枝被压断了。"

"你说，一片雪花的重量大不？"知更鸟追问道。

鸽子一脸的惊讶。

【赏析】

一片雪花的重量当然是微不足道的，但这一片片微不足道的雪花堆积起来，那力量就不可低估了。如果一片雪花是一分勤奋，树枝是一个巨大的困难，那么，一点一滴的勤奋积累起来，终究会把困难打倒的。

“乌”字为什么没有“眼睛”

何海舟

语文课上，何老师教了一个“乌”字，为了帮助同学们记住这个字的字形，还拿“鸟”字和它作比较：“同学们注意，‘鸟’的头上有‘眼睛’，‘乌’的头上没‘眼睛’。”

小精豆怎么也想不明白：乌鸦不也是鸟吗？怎么会没有眼睛呢？

星期天，妈妈带小精豆到“鸟乐园”玩。刚走进“鸟乐园”的大门，一群乌鸦就哇哇哇地叫着飞过来。

乌鸦到底有没有眼睛？这回，小精豆终于可以近距离地观察了。哈，乌鸦还是有眼睛的嘛。这下小精豆不明白了，他问妈妈：“既然乌鸦跟所有的鸟一样都是有眼睛的，为什么‘乌’字却没有‘眼睛’呢？”

“你想想，乌鸦浑身都是黑色的，眼睛也是黑的……”

小精豆恍然大悟，抢过妈妈的话头说：“我明白了，不是乌鸦没有眼睛，而是它的眼睛跟身上的羽毛是一种颜色，不容易看出来。哈哈，‘乌’就是看不到眼睛的鸟儿。”

妈妈笑着点了点头，说：“‘乌’字除了指乌鸦，如‘月落乌啼霜满天’中的‘乌’，还有黑色的意思，如把黑色的云彩叫作‘乌云’。”

小精豆眨眨眼睛说：“是不是因为乌鸦全身都是黑的，所以‘乌’字又有了黑色的意思？”

“真聪明！”

“看到这一群乌鸦，我又想起一个成语——‘乌合之众’。‘乌合’就是指像乌鸦那样聚集。因为乌鸦不像大雁那样有组织性纪律性，而是忽而飞来，忽而飞去，显得乱糟糟的，所以才把无组织无纪律的一群人叫作‘乌合之众’。”

“真不简单，竟然学会用联想的方法记忆成语了！”妈妈为小精豆竖起了大拇指。

小精豆呢？脸上漾出了笑容，笑得可甜了。

还是你说吧

小迷糊：“妈妈，我做了一个有趣的梦。”
妈妈：“你梦里看见了什么？”
小迷糊：“最好还是你说吧，因为你也在梦里。”

热爱读书的冰心

佚名

冰心幼时是个小书痴，常常手不释卷，看起书来不分日夜。

有一次，母亲叫小冰心洗澡。小冰心来到房间里，突然发现针线笸箩里有一本《聊斋志异》，她高兴极了，捧着书就入迷了。

后来，母亲发觉不对劲儿，进去一看，洗澡水都凉了，小冰心依旧埋头书中。母亲生气了，一把夺过书，撕成了两半，扔到墙角。

小冰心委屈得想哭，但看看地上的书，实在想看完，就一边怯生生地看着母亲，一边慢慢挪到墙角，捡起书，接着看了下去。

看到冰心这样子，母亲也被逗乐了。

八九岁时，小冰心开始写小说，从此一发不可收拾，成为感染一代又一代读者的作家、诗人。

谁是小黑熊要找的“大嘴巴”

张秋生

从前，有只小黑熊，最爱给别人取外号。

他叫小猴“瘦毛儿”，叫刺猬“刺球儿”，叫小松鼠“大尾巴一溜烟儿”……所以大伙儿也不叫小黑熊的名字，只叫他的外号——“小胖墩儿”了。

有一天，小胖墩儿在河边玩，遇见了一只嘴巴大大的鸟在捕鱼，他俩一会儿就成了好朋友。

不过玩了半天，他们还不知道对方的名字呢。小黑熊叫这只鸟——“大嘴巴”；这只鸟呢，就叫小黑熊——“小胖墩儿”。

玩了一会儿，小胖墩儿要回去了，他说：“我有哮喘病，太累了就会犯病，喘起来就说不出话，可难受了！”

大嘴巴说：“别愁，你以后犯病了就来找我，我知道一种草药能治你的病，挺灵的！”

也许是半路上吹风受凉了，小胖墩儿一到家就犯病了。他躺在床上直喘气，还发烧，难受极了。小胖墩儿突然想起大嘴巴的话，就说：“快、快！快找大……大……大嘴巴来！”

熊爸爸和熊妈妈急坏了，赶忙出门去找大嘴巴。熊爸爸找来大嘴巴青蛙。

青蛙张开大嘴说："我不会治哮喘病，我只会治脚气！"

小胖墩儿摇摇头说："不……不……不是他！"

熊妈妈找来大嘴巴河马。

河马张开大嘴说："是要拔牙吗？我是挺棒的牙医！"

小胖墩儿吓坏了，说："不……不……不是！"

大嘴巴鳄鱼、犀牛都给找来了，小胖墩儿都说不是。

这时，邻居鹅妈妈来了，她也是大嘴巴，不过鹅妈妈知道小黑熊要找的不是她。鹅妈妈说："会不会是常在河边的那只鹈鹕？"

熊爸爸赶紧奔了出去，不一会儿就把鹈鹕领来了。鹈鹕大大的嘴巴里还含着一把药草。

"对、对、对，大……不，鹈——鹕！"

小黑熊高兴极了，吃下鹈鹕送来的药草，他的哮喘病很快就好了，又能出门玩了。

小黑熊在河边找到了鹈鹕，说："对不起，我再也不叫别人的外号了，我要叫你鹈鹕先生！"

鹈鹕也很有礼貌地说："谢谢你，小黑熊！"

植物妈妈的礼物

韩涛

孩子如果已经长大，就得告别妈妈，四海为家。牛马有脚，鸟有翅膀，可是植物的种子要想旅行，妈妈要为它们准备些啥？

柳树妈妈准备了柔软的“棉花”，把它送给自己的娃娃。就算风吹雨打也不怕，只要有风的帮忙，哪里都能安家。

牵牛花妈妈准备了“蹦蹦床”，把它送给自己的娃娃。只要在太阳底下轻轻一碰，孩子们就会兴高采烈地跳到田野、山洼。

凤仙花妈妈准备了“定时炸弹”，把它送给自己的娃娃。“砰”的一声，孩子们就像一朵朵绽放的烟花，只要落到松软的土里，它们就可以慢慢长大。

椰树妈妈准备了“游泳衣”，把它送给自己的娃娃。宝宝一落下，就在海里乘着海浪去旅行。啥时到了岸，啥时就安家。

植物妈妈给孩子们准备的礼物还有很多很多，不信你就仔细观察。大自然里有许许多多的知识，粗心的小朋友可得不到它。

成语里的小秘密

佚名

照例句把下面的成语补充完整，所填的字前后应组成我国省、市的名称。

例子：来日方（长）（沙）里淘金

1. 重于泰 ＿＿ ＿＿ 山再起
2. 同舟共 ＿＿ ＿＿ 征北战
3. 人山人 ＿＿ ＿＿ 辕北辙
4. 五湖四 ＿＿ ＿＿ 是心非
5. 跃然纸 ＿＿ ＿＿ 阔天空
6. 人定胜 ＿＿ ＿＿ 津乐道

7. 掌上明　　　　市蜃楼

8. 一技之　　　　华秋实

9. 口若悬　　　　腔北调

10. 万古长　　　　枯石烂

11. 见多识　　　　道之谊

12. 风卷残　　　　柯一梦

13. 不三不　　　　流不息

14. 声东击　　　　居乐业

【参考答案】

1. 山东 2. 济南 3. 海南 4. 海口 5. 上海 6. 天津
7. 珠海 8. 长春 9. 河南 10. 青海 11. 广东 12. 云南
13. 四川 14. 西安

骄傲的针

佚名

针紧张地缝完一件衣服后，把腰杆儿挺得直直的，显出十分骄傲的样子。她眼睛朝天对线说：“线妹妹啊，你得好好感谢我，如果不是我领着你，你能发挥什么作用呢？”

线安静地坐在桌子上，没有回答。

针休息了一会儿，又以极其傲慢的姿态在一件衣片儿上走上穿下。她认为回头看一下也是多余的，反正线会紧紧地跟着她。她缝完了这件衣服，又骄傲地挺直腰杆儿，正想自夸一番时，突然看到线站在一旁，裁好了的衣片儿还是衣片儿，只不过衣片儿上多了她的一些足迹罢了。

线这时开口了，她说：“针大姐啊，我如果不跟着你，你的劳动不也是白费吗？”

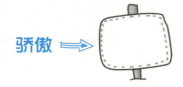

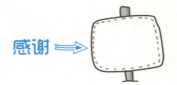

【练习提升】

1. 写出下列词语的近义词。

骄傲 ⇒

感谢 ⇒

2. 写出下列词语的反义词。

紧张 ⟹ 　　骄傲 ⟹ 

3. 读句子，选择填空。

A. 陈述句　B. 反问句　C. 设问句

（1）针大姐啊，我如果不跟着你，你的劳动不也是白费吗？（　　）

（2）线安静地坐在桌子上，没有回答。（　　）

4. 用加点的词语写句子。

如果不是我领着你，你能发挥什么作用呢？

5. 读完这篇文章，你明白了什么道理？（　　）

A. 要想把事情做好，就要团结协作，共同努力，如果骄傲自满，逞英雄，往往会把事情弄糟。

B. 针瞧不起线是不对的，好朋友不应该闹矛盾。

【参考答案】

1. 傲慢 感激　2. 放松 谦虚　3.（1）B（2）A　4. 略　5. A

丁丁的阅读笔记

童年时期的冰心奶奶原来是个小书痴，连洗澡的时候对书都爱不释手。而且，在我们这个年纪的时候，冰心奶奶就开始写小说了，真了不起啊！

记得以前读过冰心奶奶的《吹泡泡》，五彩缤纷的泡泡和五彩缤纷的事，让童年的冰心奶奶对世界充满了好奇。其实，小时候的冰心奶奶和我们一样，都是天真可爱的小孩子。

那天，我问妈妈“乌”字为什么没有“眼睛”，妈妈想了半天都没有回答上来，之后我就把关于“乌”字的小秘密告诉了妈妈。

妈妈听了之后，向我伸出了大拇指，我当时开心极了。

第6章

★坚持★

做一只永不放弃的蜗牛

漫画家宫崎骏曾经说过，梦想不会逃跑，会逃跑的永远都是你自己。我才不会逃跑，因为我的梦想在等着我把它实现呢。

目无全牛

丁丁，你放屁的本领已经到了目无全牛的境界了。
那是，我可是咱校首屈一指的屁王！
我就一个请求，下次咱能不出声吗？
你在干什么呢？
你不让我出声，我只好调成振动了……

到达山顶的人

佚名

从前，在一个遥远的地方，一位老酋长病危。他把村中最优秀的三个年轻人叫到身边，对他们说：“我马上就要离开这个世界了，在这最后的时刻，我要你们为我做最后一件事。你们三个都是身强体壮而又智慧过人的好孩子，现在，请你们尽自己最大的努力去攀登那座我们一向奉为神圣的大山。你们一定要爬到山的最高处，回来后把你们的见闻告诉我。”

三天后，第一个年轻人回来了，他衣履光鲜，笑靥如花：“酋长，我到达山顶了，那儿真是不错，繁花夹道，流泉淙淙，鸟鸣嘤嘤！”

老酋长笑笑说：“孩子，那条路我当年也走过，你说的鸟语花香的地方是山麓，并不是山顶。你可以回去了！”

一周以后，第二个年轻人也回来了，他神情疲倦，满脸风霜：“酋长，我到达山顶了。那是一个好地方，我看到高大肃穆的松树林，以及在天空盘旋的秃鹰。”

“可惜啊！孩子，那是山腰，不是山顶，不过，也难为你了，你回去吧！”

一个月过去了，大家都开始为第三位年轻人的安危担心，他却一步一蹭，衣不蔽体地回来了。他发枯唇燥，只剩下清炯的眼神：“酋长，我终于到达山顶。但是，我不知道该怎么说。那里只有高风悲旋，蓝天四垂。”

“难道你在那儿没有看到别的东西吗？难道连一只鸟也没有吗？”

“是的，酋长。高处一无所有，我只能看到我自己，只有‘个人’被放在天地间的渺小感，只有想起千古英雄的激昂的心情。”

“孩子，你确实到达了山顶。按照我们的传统，你就是我们的新酋长，祝福你。”

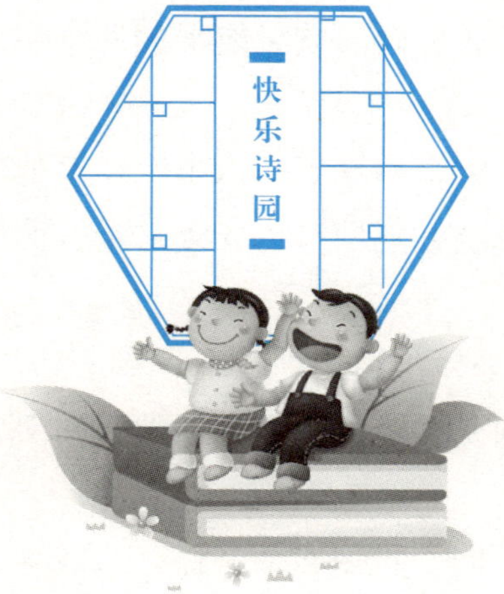

树

梁世荣

如果我是一棵树
妈妈再不会责骂我弄脏衣服了
小麻雀会柔顺地在我臂上
挂一串音符
顽皮的蝴蝶啊
悄悄滑一线尘光
松鼠则在我身上左右跳跃
编一网树荫
嘻！还有可恶的啄木鸟
用它的尖嘴咯咯向我搔痒

（选自《中外儿童诗精选》）

“人”和“八”的捣乱

刘克锡

蟠桃大会要开始了，师父让孙悟空清点到场的人数。孙悟空一数，已经到了八个人。这个调皮的家伙可会偷懒呢！他只在记录本上写了一个字——“个”，再拔下两根毫毛，轻轻一吹，剩下的两个字就飘飘悠悠地落到了纸上。

可是仔细一看，孙悟空就傻了眼——纸上出现了“人个八”。他生气地大吼一声：“大胆的‘人’和‘八’，竟敢戏弄我孙大圣，调换位置干什么？”

“人”十分委屈：“我们不都是一撇一捺吗？”

孙悟空严厉地告诉“人”：“你上面是身体，下面是两腿。两腿不分家，活得笑哈哈。”

“八”也附和道：“是呀，你和我不同。我一撇又一捺，八戒耳朵大。隔着大脑袋，只能两边挂。”说着赶紧与“人”调换了位置。

孙悟空乐了——幸亏我火眼金睛分辨了真假，不然，师父一查看，又要念紧箍咒了！

做一只永不放弃的蜗牛

沈玉洁

周杰伦从小就喜爱音乐，三岁开始练琴。他的钢琴老师十分严厉，只要他一弹错，或者不专心，就马上被打手背。因此，小杰伦的双手经常布满瘀青。年幼的周杰伦被剥夺了玩耍的权利，所有的日子都是在钢琴边度过的。高中毕业后，他到一家餐馆打工，成了一名服务员。

1997年，周杰伦参加了《超猛新人王》。表现并不算好的他意外得到著名综艺人士吴宗宪的垂青。吴宗宪和周杰伦深谈之后，决定聘请周杰伦到自己的唱片公司担任音乐制作助理。制作助理的工作周杰伦做了一年多，这个工作什么杂事都做，有时还得帮大家买盒饭，而且薪水又很少，不过他做得很快乐。逐渐地，他从小扎扎实实打下的音乐根基让他的表现越来越显眼，老板吴宗宪看在眼里，决定给这个很有才华的小伙子一个机会，让他拥有自己的舞台，当个创作歌手。1999年12月的一天，吴宗宪将周杰伦叫到办公室，十分郑重地说：“阿伦，给你十天的时间，如果你能写出五十首歌，而我可以从中挑出十首，那么，我就帮你出唱片。”

周杰伦兴奋不已，跑到街上买回一大箱方便面。他想，就是拼了命，也要做最后的努力。因为他知道，老板给他的机会也许就这一次。那段时间，他几乎是一首接一首地创作，每当他疲惫的时候，他就在房间的某个角落里打个盹儿，醒来之后继续下一首歌曲的创作。就这样，仅仅十天时间，周杰伦真的拿出了五十首歌曲，而且每一首词都写得漂漂亮亮，曲谱得工工整整。

仿佛一夜之间，华语流行歌坛几乎被周杰伦一个人的声音统治了。从一名餐厅服务员成长为家喻户晓的当红小天王，周杰伦在接受美国《时代》杂志专访时说："明星梦并不是遥不可及的，其实，任何人都可以做，只要你肯努力。我之所以能有今天，就是我不服输的结果。"

周杰伦希望自己将来能成为一个时代性的音乐人，而非昙花一现。的确，一个人不想做退却的懦夫，就应该像周杰伦在《蜗牛》那首歌中写的那样，虽然有时背负重重的壳，却也要一步一步地往上爬。

放心好了

妈妈和儿子去逛动物园，到了关狮子的铁笼子前，妈妈说："孩子，不要太靠近了！"

儿子回答说："妈妈，你放心好了，我不会伤害它的。"

泥土兄弟下山记

郭述军

大山里居住着泥土妈妈一家。泥土妈妈有三个孩子：黑土、黄土和白土。兄弟三个长大以后，决定告别妈妈下山去见识一下外面的世界。

它们翻过高山，来到山脚下。山脚下有一座高大的厂房，厂房里传来“轰隆隆”的机器声。泥土兄弟很好奇，就上前向看门人打听：“大叔，请问这是什么工厂？”

“这是机砖厂，能够把泥土制成砖头的地方。”看门人指着一辆拉砖车解释道。

泥土兄弟问：“生产砖头做什么呢？”

“砖头的用处可大呢！”看门人笑着说，“从高楼大厦到水渠水沟，哪里都用得上它。”

砖头的用处这么大，泥土兄弟都想成为砖头，于是请求道：“大叔，请您也把我们变成砖头吧！”

看门人仔细看了看泥土兄弟，然后指着黄土说：“只有你适合制成砖头。”

于是，黄土进了机砖厂，经过搅拌、挤压、切割、晾晒、煅烧等一系列工序，变成了一块硬邦邦的红砖走了出来。

黑土和白土兴奋地拉着红砖继续向城里走去。它们来到城里，看见一位老大爷愁眉苦脸地捧着一个空花盆在路上走来走去，于是走上前关心地问："老爷爷，您在为什么事发愁啊？"

"唉……"老人一边向四下张望一边难过地说，"我想找点儿土种盆花，可这里一点儿适合的土也找不到啊。"

黑土和白土想了想，异口同声地说："老爷爷，您看我们适合吗？"

老人仔细一看，顿时喜出望外："好肥沃的黑土啊！你最适合种花了。"

老人把黑土装进花盆里，又对用黄土制成的红砖说："小家伙，你的身体又平又硬，能请你帮我垫花盆吗？"

"当然可以！"红砖毫不犹豫地答应了。

想到黄土和黑土跟老人走后，自己孤零零的，白土忍不住"呜呜呜"地哭了起来。

"哦，小家伙。"老人停下脚步说，"如果你愿意，也跟我走吧。说不定我的小孙子会喜欢你呢！"

"嗯！"白土终于破涕为笑了。

现在，在老人家的阳台上，用黄土制成的红砖垫着花盆，花盆里的黑土努力地滋养着一株美丽的兰花。在它们的周围摆放着牛、马、羊、花、草、树木等各种造型，那都是老人的孙子用白土捏成的。

泥土兄弟请风婆婆把这个消息捎给自己的妈妈。泥土妈妈听说以后，很为孩子们感到骄傲呢！

百灵鸟误解了小花蛇

孔连根

小花蛇收到一张请柬，是歌唱家百灵鸟寄来的。原来，百灵鸟准备三天后在风景秀丽的“迷人”草地上举办一场个人演唱会。小花蛇写了一封回信，婉言谢绝了。

这天，“迷人”草地热闹非凡，被邀请的朋友除了小花蛇都来了。百灵鸟心里有些不乐意，认为小花蛇不给她面子，有意跟她过不去。

一阵音乐过后，百灵鸟带着不愉快的情绪走上了舞台……

百灵鸟是个急性子，第二天她就生气地写了一封信质问小花蛇。小花蛇知道百灵鸟误解他了，连忙写了一封回信说明缘由。信中写道：“我不是不参加你的演唱会，而是不参加所有的演唱会。说起来真不好意思，我们蛇既没有外耳，内耳也不起作用，根本就听不见，参加演唱会不是干瞪眼吗？也许你会说，那‘打草’怎么会‘惊蛇’呢？这是因为我们对周围的震动反应十分灵敏，哪怕是人走路时的轻微震动，我们都能发觉，用棍子打草就更不用说了……”

百灵鸟接到小花蛇的信后，才知道误解了小花蛇。小朋友，你知道“打草”为什么会“惊蛇”了吗？

"加减"生肖字

佚名

小朋友，请按照加减法写出括号里的汉字，这些字都是生肖动物名哦！

虑－心＋几＝虎

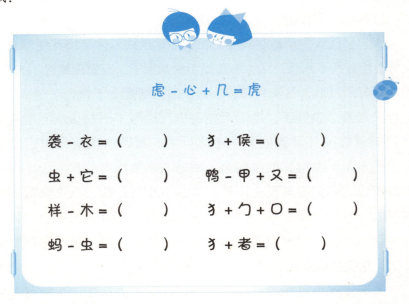

袭－衣＝（　　）	犭＋侯＝（　　）
虫＋它＝（　　）	鸭－甲＋又＝（　　）
样－木＝（　　）	犭＋勹＋口＝（　　）
蚂－虫＝（　　）	犭＋者＝（　　）

【参考答案】

龙猴蛇鸡羊狗马猪

“非凡”的珍珠

佚名

由于一个偶然的机会，一粒可怜的小石子落进了河蚌妈妈的身体里。好心的河蚌妈妈收留了它，用自己体内的精华——珍珠质，精心地抚育它。一年、两年、三年……随着时间的推移，小石子身上的珍珠质越积越厚，形成了一粒美丽的珍珠。

河蟹见到了珍珠□高兴地说□你长得比河蚌妈妈更美啦□

珍珠听了满肚子不高兴地说：“河蚌有什么资格做我的妈妈呢？论美丽，我比她强十倍；论身价，我比她贵一百倍。”

“但你毕竟是河蚌妈妈千辛万苦养大的呀，而且她现在还继续精心地哺育着你呢。”河蟹不平地说。

“你不知道，现在我讨厌的正是她的精心哺育，她把我抱在怀里，使我失去了被人发现的机会，我希望她早些被渔夫网去，那样，我会被送到皇宫里，镶在皇冠上……”

“如果当初河蚌妈妈不收留你这没良心的家伙，你现在不还是一粒可怜的小石子吗？”河蟹气愤地说。

“应该承认现实嘛，我现在已经是非凡的珍珠了！”珍珠厚颜无耻地说。

河蟹越听越气，用大钳子狠狠一夹，把珍珠夹碎了。

【练习提升】

1. “厚颜无耻”中“颜”的字义是（ ）

A. 颜面、脸面
B. 颜色、色彩

2. 给文中的方框内填上恰当的标点。

3. “河蚌有什么资格做我的妈妈呢？”把这句话改成以句号结尾的句子，使原意不变。

4. 河蟹用大钳子狠狠地把珍珠夹碎的原因是（　　）。

A. 因为珍珠得罪了河蟹，河蟹生气了。
B. 因为珍珠忘恩负义。
C. 因为珍珠贪慕荣华富贵。
D. 因为珍珠讨厌河蚌妈妈。

5. 把文中用联想方法写得生动形象的句子用“______”画出来。

【参考答案】

1. A 2. ，：“！” 3. 河蚌没有资格做我的妈妈。 4. B 5. 我会被送到皇宫里，镶在皇冠上……

丁丁的阅读笔记

读了《做一只永不放弃的蜗牛》之后，我才知道，原来大明星周杰伦的成功经历也是这么曲折啊，这真是太不可思议啦！

从一名餐厅服务员成长为家喻户晓的当红小天王，他的成功在于不懈的努力和不服输的精神。记得爸爸曾经告诉我，只要我充满热情地做自己喜欢的事，并且坚持下去，梦想的种子就一定会开花结果的。

我要坚持阅读，等将来长大了，我要做一名博学多识的作家。

对了，我的同桌豆豆是一个追星族，她的偶像就是周杰伦。明天我一定要把这本书带到班上去，给她看一看这篇文章，她一定会激动得跳起来的。

第 7 章

★ 友谊 ★

卡及诺的森林奇遇

老师说，大自然的花草树木、虫鱼飞鸟，和我们一样，都是地球妈妈的孩子，我们要好好爱护它们，千万不可以伤害它们噢！

爱莫能助

丁丁正在看电视，爸爸打来电话。
丁丁，你妈妈呢？
妈妈在拖地呢。
说过多少次了，这种体力活你要帮着妈妈做啊！
没有多余的拖把啊，我也是爱莫能助。
我记得家里总共有2个啊！
……
丁丁，下次找个好点的借口！

天空和大海

郭述军

天空和大海是一对好兄弟，没事的时候，他们就喜欢在水天相接的地方手拉着手聊天。天空会和大海说说飞鸟的故事，还有星星的故事。大海会和天空说说鱼儿的故事，还有航船的故事。

这天，他们又聊了起来，不过聊的不是以往的那些事。天空说：“你看我多广阔，无边无际的，不知道有多高呢！”大海说：“是啊，我也无边无际，深不可测呀！”

这时，一条鲸鱼浮出了水面，说：“天空说的没错，可大海说的就不对了。”

“为什么呢？”大海有些不高兴了。

鲸鱼说：“天空确实是无边无际、高不可测的。可大海的边缘就是陆地，最深的地方才八千多米，和喜马拉雅山的高度差不多。”

大海有些怀疑：“怎么可能呢？”

鲸鱼说：“我可是游遍了整个大海呀。你别忘了，大海和陆地连在一起，才是一个地球。这样的星球在天空中数也数不清呢！”

“哦。”大海无话可说了。

……

夜晚，大海很羡慕地望着满天的星星。天空曾经告诉过他，每一颗星星都是一颗像太阳那样的星球。

大海睡不着觉了，一大早就对天空说：“还是你广阔呀！”

天空爽朗地说：“你也很广阔呀！我们是一对心胸广阔的好兄弟。”

于是，大海掀起了快乐的浪花，天空泛起了幸福的云朵，一对好兄弟又手拉起了手。

春笋

王欣刚

一声春雷，
唤醒了春笋。
它们冲破泥土，
掀翻石块，
一个一个从地里冒出来。

春笋裹着浅褐色的外衣，
像嫩生生的娃娃。
它们迎着春风，
在阳光中笑，
在春雨里长。

一节，一节，又一节。
向上，向上，再向上。

伯乐相马

贺婷

“伯乐相马”说的是伯乐与千里马的故事。

人们把那些精于鉴别马匹优劣的人，称为伯乐。春秋时期，有个叫孙阳的人，因他对马很有研究，被人们称为伯乐。

一次，伯乐受楚王的委托，去购买能日行千里的骏马。伯乐对楚王说，千里马少有，找起来不容易，需要到各地寻访，请楚王不必着急。

伯乐跑了好几个国家，特别在素以盛产名马闻名的燕赵一带仔细寻访，还是没发现中意的良马。

一天，伯乐从齐国返回，在路上看到一匹马拉着盐车，很吃力地在陡坡上行进。马累得呼呼直喘气，每迈一步都十分艰难。伯乐对马向来亲近，不由得走到它跟前。

马见伯乐走近，突然昂起头瞪大眼睛，大声嘶鸣，好像要对伯乐倾诉什么。伯乐立即从声音中判断出，这是一匹难得的骏马。

伯乐对驾车的人说：“这匹马在疆场上驰骋，任何马都比不过它，但用来拉车，它却不如普通的马。你还是把它卖给我吧。”驾车的人认为伯乐是个大傻瓜，他觉得这匹马骨瘦如柴，拉车没气力，便毫不犹豫地同意了。

伯乐牵着千里马，直奔楚国。回到楚王宫外，伯乐拍拍马的脖颈说：“我给你找到了好主人。”千里马像明白了伯乐的意思，抬起前蹄引颈长嘶，声音洪亮，直上云霄。

楚王听到马的嘶鸣声，走出宫外。伯乐指着马说：“大王，我把千里马给您带来了。”

楚王见伯乐牵的马瘦得不成样子，认为伯乐愚弄他，有点不高兴，说：“我相信你会看马才让你买马的。可你买的是什么马呀？这马连走路都困难，能上战场吗？”

伯乐一脸自信地回答：“这确实是匹千里马，不过拉了一段时间车，没得到好的照顾，所以看起来很瘦。只要精心喂养，不出半个月，它一定会恢复体力的。”

楚王听后将信将疑，命马夫尽心尽力把马喂好。

半个月后，马果然变得精壮神骏。楚王跨马扬鞭，但觉两耳生风，只片刻的工夫，已跑出百里之外。

后来千里马为楚王驰骋沙场立下功劳。楚王对伯乐更加敬重了。

从此，“伯乐相马”就成为成语流传下来，意思是指有些人能够善于发现并选用人才。这个成语也告诉我们，要发现人才，爱护人才，否则，人才就会被埋没。

诚实的晏殊

佚名

古往今来，凡是品德高尚的人，都是诚实守信的。

北宋早期著名的婉约派词人晏殊，14岁被地方官作为“神童”推荐给朝廷。他本来不用参加科举考试便能得到官职，但他没有这样做，而是毅然参加了考试。事情十分凑巧，那次的考试题目是他曾经做过的，他曾得到过好几位名师的指点。于是，他不费力气就从千余名考生中脱颖而出，并得到了皇帝的赞赏。但晏殊并没有因此而扬扬自得，相反在接受复试时，他把情况如实地告诉了皇帝，并请求另出题目，当堂考他。皇帝与大臣们商议后出了一道难度更大的题目，让晏殊当堂作文。结果，他的文章又得到了皇帝的夸奖。

晏殊当官后，每日办完公事，总是回到家里闭门读书。皇帝知道后，十分高兴，就点名让他做了太子手下的官员。当晏殊去谢恩时，皇帝称赞他能够闭门苦读。晏殊却说：“不是不想去宴饮游乐，只是因为家贫无钱，才不去参加。我是有愧于皇上的夸奖的。”皇帝称赞他既有真才实学，又质朴诚实，是个难得的人才，过了几年便提拔他当了宰相。

晏殊受到皇帝赏识和重用的故事说明，一个人为人诚实，表里如一，不弄虚作假，才会取得别人的信任。

卡及诺的森林奇遇

卷尔

森林是一个神秘又令人向往的地方，那里有美丽的白兔小姐，有优雅的黄鹂女士，有健壮的麋鹿先生，还有公主和她的宠物猫卡及诺。

半个月前，卡及诺一时贪玩从皇宫偷跑出来，来到森林深处。途中，它一不小心崴了脚，疼痛难忍，眼泪簌簌地往下掉。

“公主，我的脚好疼，我回不去了，怎么办？你现在是不是急得到处找我呢？”卡及诺伤心地自言自语。

闻声而来的白兔小姐、黄鹂女士和麋鹿先生都关切地问卡及诺：“你没事吧？”

卡及诺昂着头，轻蔑地看着它们，说：“我当然没事，我可是公主的宠物猫！”

白兔小姐、黄鹂女士和麋鹿先生没有因卡及诺的傲慢而对它不理不睬，反倒把它安置在白兔小姐的家里，让它养伤。

“脚好点了吗？你还疼吗？”黄鹂女士和麋鹿先生经常来看望卡及诺，还带了补品。

卡及诺仍一脸不屑地说：“我不要你们管。”

在白兔小姐无微不至的照顾下，卡及诺的脚伤渐渐痊愈。可卡及诺丝毫不领情，心想：我是公主的掌上明珠，地位高高在上，才不屑你们的照顾……于是，它不辞而别。

回到宫殿，卡及诺本以为公主会为它的失踪而黯然神伤，却在门口听见公主对守卫说："那只猫跑哪儿去了？算了，丢了就丢了。对了，如果你见到那只猫，别让它回来，我见不得它脏兮兮的样子。"

"遵命！"守卫挺直了腰板儿。

卡及诺难过极了，不知不觉又来到森林深处。白兔小姐蹦蹦跳跳地过来说："你的脚完全好了吗？来我家坐坐吧。"

走进白兔小姐的家，卡及诺看见黄鹂女士和麋鹿先生也在这儿。卡及诺低着头，以为会被它们嘲笑一番，没想到却受到热情的拥抱。

卡及诺顿时流下眼泪来，伤心地说："我的主人不让我回去……你们还对我这么好，我真后悔之前用那种态度对你们……"

"请不要伤心，我们仍当你是朋友。"白兔小姐微笑着说，"友谊是不分等级的。"

鱼为什么不说话

一天，小男孩和他的爸爸来到公园。

小男孩指着水里的鱼说："爸爸，鱼为什么不说话？"

他爸爸想了想说："傻孩子，如果你嘴里含着水你能说话吗？"

昆虫的盔甲与皮靴

佚名

许多昆虫都有一副坚硬而漂亮的外壳，好像穿上了一副“盔甲”。有了这层壳，昆虫不仅不怕水淹，还能抵御敌害。

昆虫的这副“盔甲”里含有大量的蜡质。蜡实际上也是一种酯类，由许多高级脂肪酸和一元醇组成，常温下往往是固态，因而滴水不沾，成为许多昆虫的一种保护层。蜜蜂就是用蜂蜡建造蜂房，在里面产卵，孵出许多后代，保证了小蜜蜂在各自的蜂房里安全成长。

苍蝇则巧妙地在自己毛腿的尖处分泌出一些中性酯类物质，从而为自己的两只脚都套上“防滑靴”。不知你注意到没有，苍蝇在垂直的玻璃窗上能行动自如，停住时，就如钉子钉在上面，爬行时，又迅速异常，真像一个天才的杂技演员。

有些昆虫体内的酯对人类很有益处。如蜜蜂的蜂蜡、四川的白蜡和虫胶等，都有很大的应用价值。

✳【玩转语文】✳

成语乐翻天

佚名

在括号里填上合适的成语。

1. 胆子最大——（　　　　）
2. 行走最快——（　　　　）
3. 才学最高——（　　　　）
4. 看得最近——（　　　　）
5. 最高的人——（　　　　）
6. 最长的腿——（　　　　）

【参考答案】

1. 胆大包天　2. 风驰电掣　3. 才高八斗　4. 鼠目寸光　5. 顶天立地
6. 一步登天

【读写加油站】

友谊千斤重

佚名

有一天，一只老山羊爬山时把腿摔坏了，请毛驴把他背回家。毛驴向他要十斤山芋作报酬，老山羊只好一瘸一拐地走了。

过了一会儿，老山羊骑在牛大哥的背上缓缓走来，毛驴于是问：“牛哥，他出多少山芋请你背它？”

“千斤。”

毛驴冷笑道：“十斤山芋还不干呢，千斤？你可别做梦了！”牛大哥认真地说道：“不是我别做梦了，而是你别糊涂了！十斤山芋算得了什么？友谊的分量才重千斤呀！”

毛驴听了牛大哥的一席话，站在那儿扇了扇长长的耳朵，垂下头，不好意思地走了。

【练习提升】

1. 给下面词中加点字选择正确的读音，在下面画横线。

毛驴（lǘ lú）　　山芋（yù yǘ）

友谊（yí yì）　　分（fēn fèn）量

耳朵（duō duo）　　垂（chuí shuí）下头

2. 给多音字组词。

背 bēi（ ） bèi（ ）

扇 shān（ ） shàn（ ）

3. 写出下列词语的近义词。

缓缓（ ）　　友谊（ ）

4. 文中的“千斤”这句话是谁说的，请在（ ）里打“√”。

（1）毛驴说的。 （ ）

（2）牛大哥说的。 （ ）

（3）老山羊说的。 （ ）

5. 老山羊因为______________，所以请别人把他背回家。毛驴跟他要____________作为报酬，牛大哥认为____________值千斤。

6. 读了这篇寓言故事，你最喜欢________________________，原因是________________________。

【参考答案】

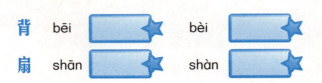

1. lǘ yù yì fèn duo chuí 2. bēi（背包） bèi（背诵） shān（扇动） shàn（扇子） 3. 慢慢 友情 4. （2） 5. 爬山把脚摔坏了 十斤山芋 友情 6. （示例）牛大哥 他帮助朋友不求回报。（言之有理即可。）

丁丁的阅读笔记

天空和大海是一对无话不谈的好兄弟，相信它们的友谊一定会天长地久。对待好朋友，我们要心胸开阔，不能因为对方比自己优秀就心生嫉妒，这是我从《天空和大海》这篇故事中明白的道理。

在《卡及诺的森林奇遇》里，那只宠物猫卡及诺对待帮助它的朋友总是高高在上、毫不领情，然而帮助它的白兔小姐、黄鹂女士却没有因为卡及诺的无礼而怠慢它。在卡及诺被它的公主抛弃回到森林后，本以为会被它们嘲笑一番，没想到它却受到热情的拥抱。正如白兔小姐最后说的那句话："友谊是不分等级的。"

第8章

★ 爱心 ★

小狐狸送彩虹

我相信爱心是有魔法的，因为它会让你在不经意间收获一个微笑、一个好朋友，还有一份甜蜜的想念。

雪中送炭

这节课进行语文知识小测试，大家把与考试无关的东西都放到讲桌上来。
真是雪中送炭啊！
唉，又要考试。
……
丁丁，你这是在干吗？
您说把与考试无关的东西放到讲桌上来，我就与考试无关啊！
人才啊……

真没想到

贺维芳

一天，酷酷熊救了落水的乖乖兔。乖乖兔很感动，心想：“我要像酷酷熊那样帮助别人！”

第二天，乖乖兔发现跳跳猫走路一瘸一拐的，原来跳跳猫的脚被一根铁丝缠住了。

乖乖兔用自己又长又硬的板牙帮助跳跳猫把铁丝咬断了。

跳跳猫想：“乖乖兔这么热心地帮助我，我要向乖乖兔学习！”

第三天，跳跳猫出门碰到了皮皮猴，皮皮猴正为自家的粮仓里钻进了一只大老鼠而烦恼。跳跳猫自告奋勇地帮他把老鼠消灭了。

皮皮猴高兴得合不拢嘴：“跳跳猫真好，我也要像他一样做个好人！”

又过了一天，皮皮猴经过酷酷熊家，看见酷酷熊正在高大的梨树下着急地又蹦又跳。原来，酷酷熊家的梨子成熟了，可是梨树太高，酷酷熊爬不上去，摘不到梨子。

皮皮猴热心地说：“酷酷熊，我来帮你摘梨！”他“噌噌”几下就爬上了树，把梨全部摘下来了。

酷酷熊一边让皮皮猴吃梨，一边道谢。

皮皮猴连连摆手："不用谢我，我这是向跳跳猫学习呢！你要感谢，就去感谢跳跳猫吧！"

酷酷熊拿了两个梨子去感谢跳跳猫："是你帮助了皮皮猴，皮皮猴向你学习，又帮助了我。所以，我要谢谢你！"

跳跳猫谦虚地说："不用谢我，我做好事是向乖乖兔学习呢！你要感谢，就去感谢乖乖兔吧！"

酷酷熊一下子愣住了，心想："前几天我帮助了乖乖兔，乖乖兔又帮助了跳跳猫，跳跳猫帮助了皮皮猴，今天皮皮猴又帮助了我！"他恍然大悟："真没想到，爱心是可以传递的，帮助别人就是帮助自己呀！"

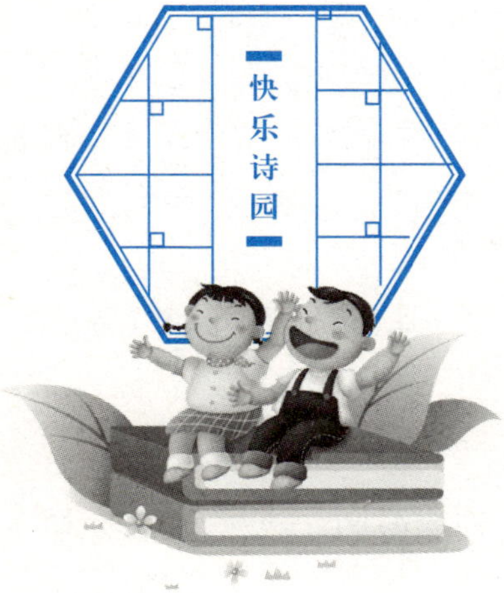

善良

【比利时】卡列姆

要是苹果只有一个，
它准装不满大家的提篮。
要是苹果树只有一棵，
挂苹果的树丫也准遮不满果园。
然而一个人，要是他把
心灵的善良分撒给大家，
那就到处都会有明丽的光，
就像甜甜的果儿挂满了果园！

“手舞足蹈”与“载歌载舞”

王爱梅

放学路上，电线杆上的一则小广告引起了丁丁的注意。

预订名次

亲爱的同学，你是否为考试名次落后而伤神？我们公司郑重推出“名次预订”业务，前三名，五元钱；前五名，两元钱；前十名，一元钱……心动不如行动，赶快来预订吧！

联系人：肩头小精灵
电话：××××

“还有这等好事？”丁丁半信半疑。前段时间，班里进行了几次语文考试，他一次都没有考进前十名，为此，妈妈产生了送他进辅导班的想法。进辅导班，那跟小鸟进了笼子一样，多不自由啊！如果真能预定名次，考进前五名……想到这儿，丁丁决定碰碰运气。他小心翼翼地揭下小广告，揣进了裤兜。

回到家，他按照小广告上留下的电话打了过去，联系上了肩头小精灵，说出自己想考进前五名的愿望，然后按照它留下的卡号，打过去两元钱。很快，肩头小精灵给他发来了一张秘籍。

有了这张秘籍，丁丁像变了一个人似的，每天早早地起床读书、写笔记，放学回家后，认真练字、写作业……两周后，班里又进行了一次语文考试。这次，丁丁考了第四名，他非常高兴，还把这个好消息告诉了肩头小精灵。肩头小精灵接到丁丁的电话后，说："祝贺你取得了理想的成绩，不过你能告诉我，你做错了哪些题吗？"

"有几道题是因为我粗心做错的，还有一道改错题，到现在我也没弄明白。"丁丁说着打开了试卷，"'听到我们班夺得了流动红旗的消息，同学们高兴得载歌载舞。'这是一道改错题，可我不知道错在哪儿。"

"'载歌载舞'用在这儿不恰当，用'手舞足蹈'更合适一些。"肩头小精灵听后马上回复道。

"为什么？"丁丁急忙问道。

"'手舞足蹈'，指双手舞动，两只脚也跳起来，形容高兴到了极点，侧重于形容极其高兴的情绪和动作，可以指多数人，也可以指一个人。如，看到国家队进球了，爸爸这个足球迷高兴得手舞足蹈起来。'载歌载舞'指又唱歌又跳舞，形容尽情欢乐，侧重于形容尽情欢乐的气氛或场面，多用于一群人，不可指一个人。如，除夕这天，罗盛教和自己的战友跑到街上，同朝鲜人民一起载歌载舞，欢庆胜利。还有，'载歌载舞'中的'舞'指跳舞；'手舞足蹈'中的'舞'指舞动。"肩头小精灵耐心地解释道。

"哦，我现在总算弄明白了，谢谢你。"丁丁连声道谢。

"希望你继续努力，争取考第一名。"说完，肩头小精灵就挂断了电话。

少小才高为人识

朱学伟

讲到古代才女，必然说到鱼玄机。鱼玄机是唐代女诗人，原名幼薇，在父亲的栽培下，她五岁便能背诵数百首诗篇，七岁开始学习作诗，十一二岁时，她的诗就已在长安文人中传诵开来，成为人们称道的“诗童”。她的才华也引起了当时名满京城的大诗人温庭筠的关注。

一个午后，温庭筠慕名寻访鱼幼薇。他在平康里一所破旧的小院中找到了鱼家，并请小幼薇即兴赋诗一首，以试探一下她的才情，看是否名过其实。他想起来时路上，正遇柳絮飞舞、拂人面颊之景，于是写下了“江边柳”三字为题。

鱼幼薇略作沉思，一会儿工夫，便在一张花笺上飞快地写下了一首诗，并双手捧给温庭筠评阅。诗是这样写的：“翠色连荒岸，烟姿入远楼。影铺秋水面，花落钓人头。根老藏鱼窟，枝底系客舟。萧萧风雨夜，惊梦复添愁。”

温庭筠反复吟读诗句，觉得不论是遣词用语、平仄音韵，还是意境诗情等，都属难得一见的上乘之作，不禁大为叹服。从此，温庭筠便经常出入鱼家，为小幼薇指点诗作。

小狐狸送彩虹

梅艳

“哗哗哗……”一场大雨过后，天空中出现了一道彩虹。小狐狸站在家门前，仰着小脑袋数着：“红、橙、黄、绿、青、蓝、紫，有七种颜色呢，真好看！”

“宝贝，妈妈要到山羊阿姨家做件衣服。你把自己的小屋子收拾一下。”狐狸妈妈嘱咐道。

“哦，知道了。”小狐狸跑回自己的房间，擦擦桌子，整理被子，可是它的小爪子一不小心在床单上划出了一道长长的口子，而且正好在床单中间。

小狐狸有点沮丧：“这也不能全怪我，床单太旧了，很容易划破。”

突然，小狐狸听到屋外有声响，跑出来一看，门口的松树上居然挂着一条漂亮的床单。哦，不是床单，是长长的绸子，不对，也不是绸子，那是什么呢？小狐狸走过去，站在小凳子上，踮起脚，小心翼翼地把那“绸子”拿下来。

这“绸子”摸上去软软的，像棉花糖，又有点像烤得刚刚好的那种很有弹性的面包。不过“绸子”的颜色可不是白色的，而是红、橙、黄、绿、青、蓝、紫，一共有七种颜色呢！

小狐狸往天上看了看，咦，彩虹不见了，难道是彩虹从天上落下来啦？

一定是！小狐狸兴奋地在地上连翻两个跟头，把彩虹抱回了家。

彩虹很长，小狐狸便把彩虹折了几折，折得和床差不多长，也差不多宽，然后撅起屁股往后一倒，仰面躺在了彩虹床单上。

真舒服啊！这种感觉像什么呢？像是躺在白云上，又像是躺在大海上，一晃一晃，一颠一颠，闻一闻，还有阳光的味道和雨水的清新。

小狐狸快活得不得了。

可是它突然想起来：隔壁牛伯伯的腰不太好，可以送点彩虹床单给牛伯伯，让它睡得舒舒服服的。于是，小狐狸找来剪刀，把彩虹床单重新铺开，剪下一大块，然后用袋子装好。

小狐狸来到牛伯伯家，把彩虹床单送给它。牛伯伯摸了摸，说："谢谢你！我今晚就睡在上面，一定很舒服。"

小狐狸笑眯眯地走了，边走边哼歌："我是一只小狐狸，小呀小狐狸，我出来送彩虹，送呀送彩虹，啦啦啦……"

这时，从草丛里钻出了一只穿着蓝色小风衣的小兔子，小狐狸一看，原来是球球。

球球细声细气地问："小狐狸，你能送我一点彩虹吗？我想做一条彩虹裙。"

"好啊，跟我来吧。"小狐狸爽快地答应了。

小狐狸从自己的彩虹床单上又剪下一块，送给球球。球球把彩虹围在身上转了两圈，叫起来："真是太漂亮了！谢谢你。"

现在彩虹床单剩得不多了，小狐狸趴在小床上东拉西扯，可拉到这头，那一头就短了，拉到那头，这一头又不够了。

怎么办？小狐狸一下子想到个好办法。它先把旧床单铺在床上——中间那个长口子真显眼，不过没关系，它又把彩虹床单铺在旧床单的正中间，咦，这下正好，口子看不见了。

“哦，我有一张彩虹床啦！”小狐狸叫道。

小狐狸爬上彩虹床，睡着了。它做了一个梦，梦见自己飞了起来，在彩虹上滑滑梯，又梦见牛伯伯和小兔子披着彩虹跳舞……

修理心脏

一位医生的摩托车坏了，送到修理部检查，一检查发现是发动机出了毛病。

修理工熟练地把发动机拆下来修好又装上了。

修理工得知医生是胸外科的，对医生说：“发动机就是摩托车的心脏，我们都是修理心脏的，可是收入差距为什么这么大？”

医生想了想说：“你试试在不熄火的情况下修它。”

小水滴旅行记

韩涛

我叫小水滴，一直自由自在地在大海妈妈的怀抱里漫步。

一天，太阳公公说：“让我送你去旅行吧。”我顿时感到身体轻飘飘的，向空中升去。到天上一看，还有好多小伙伴也在这里。我们手拉手，变成了一朵云，在天空中快乐地飘来荡去。

玩儿了一阵子，我想家了，就去找风婆婆帮忙。她一拉风口袋，北风就呼呼地刮了起来。再看小伙伴们，有的变成雨滴，有的变成了冰雹。而我呢？变成了一朵晶莹的雪花，飘飘洒洒向大地落去。

小麦看见了，招招手说：“落到我身上当‘棉被’吧！”梅花看见了，朝我喊道：“还是落到我头顶当‘钻石’吧。”

我呢，最后落在了教室的屋檐上，变成了晶莹的冰凌花，让孩子们尽情领略冬天的美丽与神奇。

太阳公公把阳光洒向我，我渐渐融化了，渗入大地，投入小溪，汇入江河，一路飞奔到大海妈妈的怀抱里。

嘻嘻！我终于回到家了。

脑筋急转弯

佚名

1. 猫进房间时，为什么先朝一边看看又朝另一边看看？

2. 什么东西越晒越湿？

3. 妈妈有七块糖，想平均分给三个孩子，但又不愿把余下的糖切开，妈妈怎么办好呢？

4. 在广阔的草地上，有一头牛在吃草。这头牛一年才吃了草地上一半的草。问：它要把草地上的草全部吃光，需要几年？

【参考答案】

1. 因为它的眼睛不能同时看两边。2. 冰。3. 妈妈先吃一块，再分给每个孩子两块。4. 它永远不会把草吃光，因为草会不断生长。

曹冲智救库吏

佚名

曹冲是曹操的儿子，他聪明伶俐，而且很有同情心。

有一天，他父亲一具心爱的马鞍不幸被老鼠咬破了，管仓库的库吏发现后，吓得面如土色。他想去自首，减少一些罪责，但又担心仍不免一死。

这件事被十来岁的曹冲知道了。他想，库吏平时勤勤恳恳，为人老实，马鞍被老鼠咬坏，是一时疏忽，怎能因此而丧命？于是，他把库吏叫来，说：“我会设法救你的，三天后你去自首好了。”库吏连连叩头而去。

送走库吏，曹冲走进卧室，用小刀将内衣连戳几个洞，然后装出闷闷不乐的样子，连饭也不吃。曹操前来询问，曹冲说：“我的衣服被老鼠咬了几个洞。听说衣服被老鼠咬了要倒霉的。”曹操说：“老鼠咬坏东西是常有的事，有什么吉祥不吉祥的？你不要为这件事苦恼。”曹冲恭敬地说：“父亲说得对。”

三天后，库吏向曹操报告，说库内一具马鞍被老鼠咬坏了，说罢连连叩头谢罪。曹操满脸怒火，本想狠狠惩罚库吏，但见曹冲在一旁，顿时想起之前开导儿子的话，于是收起怒容说：“我儿子的衣服挂在床边尚且被老鼠咬了，何况马鞍是挂在仓库柱头上呢。算了，往后留心一点。”

聪明的小曹冲就这样救了老库吏的性命。

【练习提升】

1. 选字填空。

幸　　辛

(　　)苦　　(　　)福　　不(　　)　　(　　)劳

2. 曹冲是用什么巧计救库吏的？请按照故事发展的顺序排列下面句子。

(　　)曹操劝曹冲不要为这件事苦恼。

(　　)曹操为了儿子只好原谅库吏。

(　　)曹冲戳坏了自己的内衣，并告诉曹操是老鼠咬的，会倒霉的。

(　　)因为老鼠咬坏东西是常有的事。

(　　)这时库吏报告说库内一具马鞍被老鼠咬坏了。

【参考答案】

1. 辛 幸 幸 辛 2. ②⑤①③④

丁丁的阅读笔记

“真没想到，爱心是可以传递的，帮助别人就是帮助自己呀！”酷酷熊终于恍然大悟。

以前，我有一个可怕的坏毛病，那就是拖拉，不管做什么事情都比其他小伙伴慢半拍。因此，我还得到了一个外号——拖拉机。原以为，老师和同学都会不喜欢我，没想到却得到了大家热心的帮助。

“加油，丁丁，你是最棒的！”大家常常这样鼓励我。渐渐地，我终于摆脱了拖拉这个坏毛病。

后来，每当同学们有什么困难，我都会积极地伸出援手，因为我知道，爱心是可以传递的！

本书编选过程中，得到不少作者的支持和帮助。在此表示诚挚的谢意！但个别作者联系方式不详，虽经多方努力，未能取得联系，而这些作者的作品我们又不愿意割舍。因此，相关作者见书后请与作文指导报社联系。